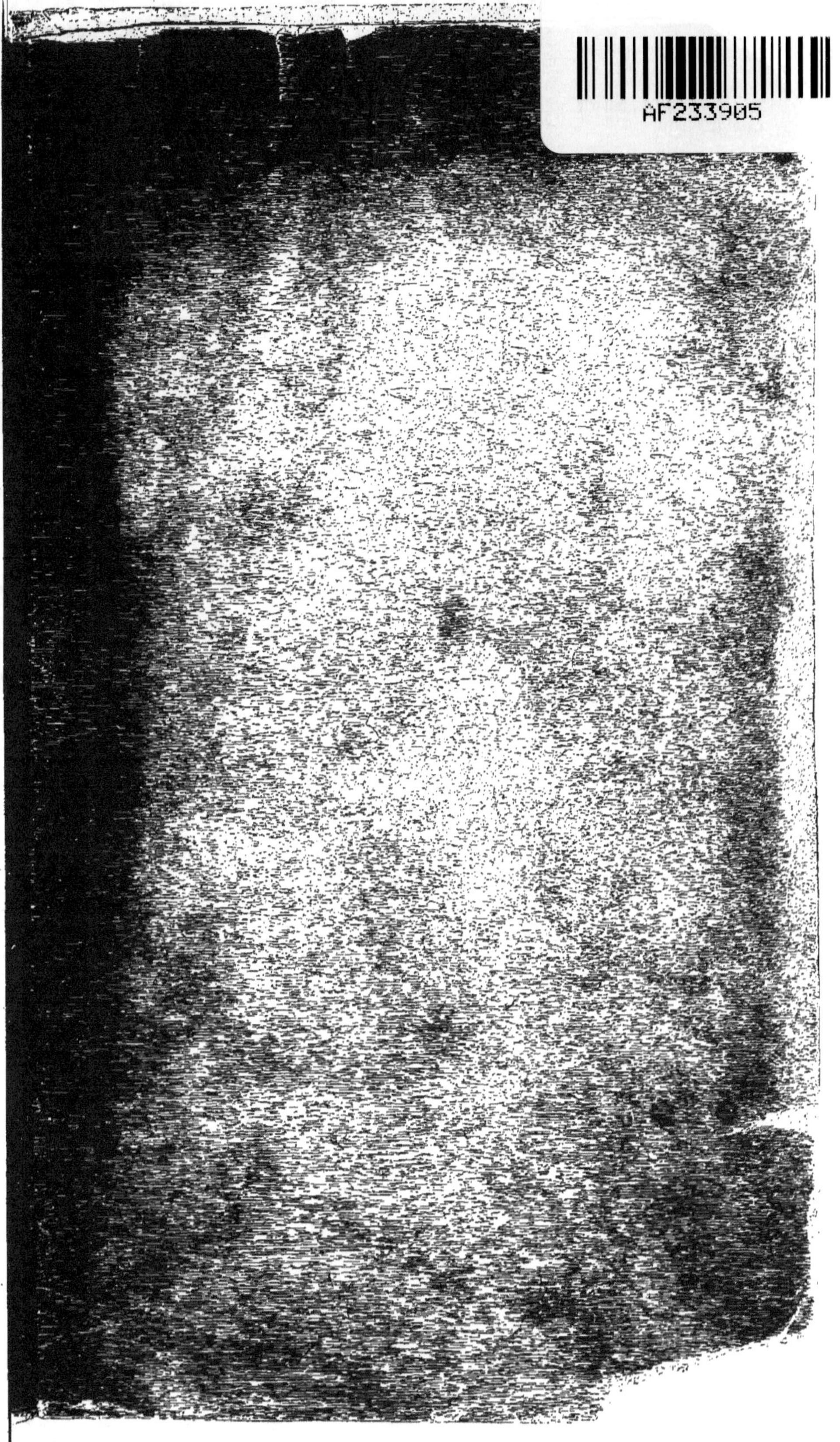

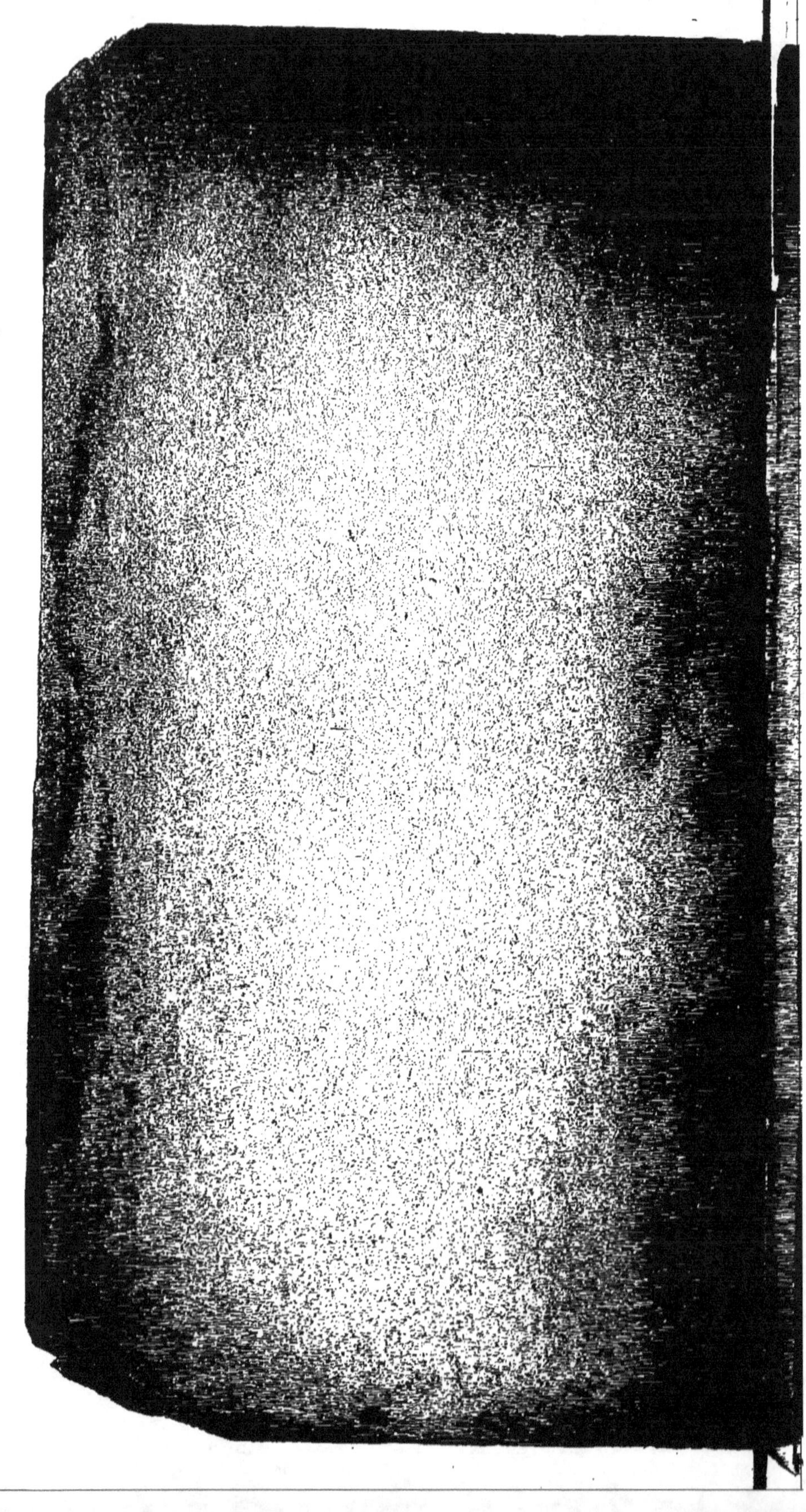

CARITÉAS.

IMPRIMERIE DE SELLIGUE,
BREVETÉ POUR LES PRESSES MÉCANIQUES ET A VAPEUR,
rue des Jeûneurs, n. 14.

CARITÉAS.

PARIS,

A. SAUTELET et Cie, LIBRAIRES, PLACE DE LA BOURSE;
SERVIER, LIBRAIRE, RUE DE L'ORATOIRE, N. 6.

1827.

CARITÉAS.

Il y a fort peu d'années qu'on voyait encore, dans la Calabre ultérieure, aux environs de Catanzaro, près de la mer, le vieux couvent des pères bénédictins del Ligurri. Cet endroit était un des plus pittoresques du midi de l'Italie. Sa position retirée et inaccessible attirait peu de visiteurs; mais, de temps à autre, des voyageurs, des artistes qui allaient s'instruire aux sites délicieux du cap d'Isola, sur le golfe Tarentin, non loin des ruines de l'antique Calypsis, se détournaient pour approcher des murs vénérables del Ligurri. L'idée religieuse, le souvenir des temps passés, une nature sauvage et libre, des phénomènes effrayans et imprévus, toutes ces impressions différentes pénétraient l'âme à l'aspect de ce lieu solitaire. Dans tous les environs de Catanzaro, d'affreux tremblemens de terre avaient devancé les outrages du temps, et leurs fréquentes secousses avaient ravagé les édifices et les monumens de toutes les époques. Ainsi, tout près du couvent, un temple antique, consacré à Neptune Sauveur, qu'on avait surmonté, après bien des siècles, d'un petit dôme en flèche qui en faisait une chapelle votive, s'était écroulé sans que personne eût même essayé d'en réparer les ruines. Ces deux édifices, l'un du temps des Antonins, l'autre du moyen âge, étaient tombés ensemble, et avaient mêlé leurs débris. On y remarquait avec surprise des colonnes d'un seul jet de marbre blanc, renversées au milieu d'arceaux gothiques. Plus loin, à côté des misérables restes d'une cabane de frêne que sa faiblesse n'avait pu sauver de la destruction, on distinguait des bornes miliaires verdies par la mousse, et des cippes funèbres élevés par les anciens Romains. Quelquefois on y découvre des pierres grisâtres et informes, attribuées à la race étrusque, mêlées à des plaques sépulcrales de l'ancien cimetière du couvent et aux fragmens des croix de lave, frêle souvenir qu'on place sur les tombes ; tout était confondu dans ce tableau. Une commune ruine planait, pour ainsi dire, sur tous les monumens, sur toutes les époques, sur tous les souvenirs. Cependant ce qui reposait la vue du voyageur, c'est que partout où les torrens laissaient leur limon humide en coulant vers la mer, alors une végétation charmante déployait son luxe sur ces tristes débris. Des arums portant de grandes fleurs du plus beau pourpre, des iris embaumant l'air du parfum de leur racine et de leur corolle d'azur, des cactus déployant leurs feuilles en rameaux épineux d'un vert sombre, une foule de gramens et d'herbes aux tiges délicates et élancées fleurissaient avec force dans ce lieu solitaire. Souvent des plantes vivaces, pleines de sève et de vie, réunissaient les blocs des murs ruinés, et semblaient jeter leurs tendres filets de verdure des volutes de la colonne d'Ionie aux piliers massifs de l'architecture des Sarasins. Dans les longues ruines d'une antique maison de plaisance, sur la côte, il n'est pas rare de voir des fragmens de portiques doriens renversés tout entiers sur la plaine ; ils ont presque disparu sous les plantes du rivage ; le vase antique sculpté en relief sur la frise, semble maintenant un vase funéraire, reposant à l'ombre des myrtées. Au milieu du jour, tout était calme dans les environs del Ligurri, et personne ne les traversait, parce que c'est l'heure où le sol crevassé laisse dégager des émanations malfaisantes ; mais, vers le coucher du soleil, quelques bruits se faisaient entendre dans le val d'Arezzo : c'était un serpent venimeux se retirant dans les fentes d'une roche ; c'était un chien de Calabre, à demi-sauvage, hurlant dans un sépulcre ; c'était un oiseau arrivant de la mer, fatigué, et saluant son nid de ses cris plaintifs. Cette vie des plantes et des animaux contrastait avec le silence des ruines des environs del Ligurri , dont quelques-unes sont lavées par la mer. Plus d'une fois le voyageur s'est arrêté pour jouir de l'aspect d'un lieu si puissant par ses impressions, si fertile en souvenirs, pour contempler les Appennins élevant leurs dômes vers le ciel, et la plaine qui s'étend au loin, et la forêt qui se prolonge en un vert amphithéâtre, et la mer qui déploie au fond du tableau son immense azur. A l'heure du soir, lorsque le soleil versait sa lueur mourante sur les ruines du val et sur les vieux arceaux del Ligurri, plus d'une fois le voyageur a ralenti les pas du départ, en rêvant à l'éternelle jeunesse de la nature et à la fragilité de nos œuvres... Et ce beau contraste n'est pas remarqué par les habitans del Ligurri, par ces fils de la Grande-Grèce, qui foulent d'un pied indifférent les tombeaux de leurs pères !

Quelques habitans , fiers et presque sauvages, sont répandus en petit nombre sur la côte , à plusieurs lieues autour de Catanzaro. Tout le rivage de Squillacci à Stilo est exposé directement aux rafales des vents d'est; l'abord en est périlleux, et la mer s'y brise en écume avec une force prodigieuse. On ne bâtit point très-près du rivage, car les vagues ont gagné insensiblement sur la côte; elles lavent maintenant des ruines qui en étaient autrefois éloignées, et la coquille du byssus se fixe sur les marbres à l'aide de son ancre de soie. Un groupe de petites cabanes s'est élevé non loin du couvent, et fort peu de personnes se montraient dans ses environs. Mais quelquefois un contrebandier vient se cacher parmi les débris. Son air sombre semble contracter quelque chose de plus farouche encore de l'aspect du lieu, lorsqu'il appuie son fusil contre une roche, et prie avant de s'enfoncer dans la montagne. Vers le soir, quelques femmes se dirigent vers une petite anse, dans la côte, et traversent les ruines en jetant à l'entour des regards inquiets. Elles vont attendre à la pointe del Ripalti la rentrée des bateaux pêcheurs. C'est là qu'on a souvent vu une jeune fille s'arrêter tout près de l'endroit où se brisent les lames : tourmentée de vagues inquiétudes, elle s'assied en portant ses yeux brillans vers l'immense mer, et soupire en silence; on la voit compter tristement les ondes qui se succèdent et les étoiles qui commencent à se montrer; mais un point noir paraît-il à l'horizon, il approche, il grandit; c'est un heureux retour : alors elle se lève agitée, ses grands yeux noirs s'animent du plus doux éclat, sa figure brille de joie; elle fixe la barque lointaine qui monte sur les vagues, et, en ce moment, elle ne songe ni à l'écume de la mer qui vient mouiller ses pieds, ni aux vents qui font flotter son voile, ni aux fleurs qui se détachent de ses cheveux noirs et qui tombent dans les flots.

Sur cette plage désolée et aride, au milieu de ses habitans sauvages et impatiens de tout frein, un édifice seul offrait une hospitalité certaine aux voyageurs; un édifice seul avait résisté à la destruction générale de tous les environs ; c'était le monastère del Ligurri. Rien n'était plus vénérable que l'aspect de ce lieu. La teinte grisâtre de ses murs les faisait se détacher de la manière la plus pittoresque sur le vert du paysage qui l'environnait, jusqu'à l'endroit où commence le sable. Une plaine de gramens et d'herbes, parsemée de quelques arbustes de la famille des pins, se prolongeait au pied du couvent, et s'effaçait ensuite lentement dans le vaste dépôt de sable. Les habitans du val sont persuadés que l'influence de ce saint asile s'étend jusqu'aux plantes qui fleurissent au pied de ses murs dans un sol brûlant, qui ailleurs les eût étouffées. Mais ce qui étonnait le plus les paysans de ces contrées, c'était les habitudes d'hospitalité dont les religieux del Ligurri ne s'écartaient jamais. On savait que des juifs, des hérétiques, et jusqu'à des Maures, y avaient été reçus, à la suite des naufrages des vaisseaux que les bourrasques du *levante* engageaient dans les rochers de la baie d'Isola. Les religieux recevaient les marchandises, consolaient les naufragés ; en un mot, le couvent del Ligurri donnait l'hospitalité à tout ce qu'avait épargné la tempête. Jamais leur porte ne se ferma devant les pas du pauvre. Le voluptueux Napolitain qui s'avançait dans la Calabre, dans un voyage de curiosité, avec une escorte armée, était reçu et traité comme le pauvre *piferaro* qui partait de sa province pour redire dans les villes de l'Italie méridionale les mélodies natives de son pays. Il existe un proverbe bien connu à Squillacci, et qui peint naïvement la réputation d'hospitalité du couvent. On y entend dire «que même les oiseaux de mer qu'on découvre du rivage d'Arezzo, rasant d'un coup d'aile le sommet des vagues soulevées par le vent et les orages, n'oseraient pas s'aventurer si loin, s'ils n'étaient sûrs qu'ils pourraient se retirer le soir sous les arcades crénelées du vieux monastère del Ligurri ».

Le monastère, qui fut inviolable dans tous les temps, et qui, suivant une tradition populaire, fut respecté par le goth Alaric, est placé de manière à inspirer à ses habitans les plus graves pensées. Il est situé sur le plus haut point d'une plage montagneuse qui s'inclinait lentement vers la mer. Derrière, à quelque distance, s'élevait à une prodigieuse hauteur un massif de rochers nus, dont les assises, séparées par des bancs d'argile friable, étaient marquées par des lignes de plantes qui semblaient comme des guirlandes de verdure jetées sur des marbres noirs. En face de la principale entrée, l'œil s'égarait sur une longue suite de coteaux, dont les courbes ondoyantes se seraient étendues jusqu'à l'horizon, si quelques cimes blanchâtres des Appennins n'eussent borné la vue vers le nord en s'élevant presque jusqu'aux nuages. Vers l'orient, une pente douce, mais un peu gonflée par un accident de terrain, s'étendait jusqu'à la mer, dont le lointain azuré terminait l'horizon. Le rivage décrivait une longue courbe, et s'étendait jusqu'à un massif de rochers grisâtres qui, enveloppés des brumes du soir, paraissaient des îles nouvellement sorties du sein des flots. Le site tout entier était à peu près désert : on découvrait seulement sur la montagne et sur la plage de chétives cabanes et quelques petites chapelles votives, comme celles que le voyageur rencontre sur les bords des précipices du Jura. Le couvent était assez près du rivage pour qu'on pût apercevoir de ses terrasses orientales la trace de l'écume blanche que les vagues faisaient voler sur les rochers. Dans les fortes tempêtes, un bruit sourd, propagé jusqu'au monastère, avertissait les religieux de commencer des prières à l'intention des marins en danger. On ne voyait aucun arbre dans les cours, tant les murs étaient élevés ; seulement, à l'entrée, on distinguait un vieux platane d'une verdure foncée, dont le pied noueux était environné d'un banc de pierre où les pauvres se rassemblaient pour les aumônes de la semaine. Le monastère semblait composé de quatre vastes galeries, surmontées d'une terrasse, formant un carré, et terminées à chaque angle par un pavillon gothique couronné d'une double croix, le couvent del Ligurri étant dépositaire des principales reliques de Guy de Lusignan, un des gouverneurs chrétiens de Chypre. Des fenêtres arquées et garnies de vitrages bleus marquaient les cellules ; le côté qui regardait la mer en était dépourvu, de peur que la lampe des religieux, vue derrière les carreaux peints, ne fut prise par les pêcheurs pour les feux rougeâtres du phare del Ripalti. L'aspect uniforme des murs était varié par des touffes de plantes qui s'étaient fixées dans les cavités nombreuses des lignes concaves et des arceaux rentrans de l'architecture du moyen âge. Le style du monastère était des derniers temps des édifices gothiques; il était massif et lourd; les fuseaux des colonnes tendaient à se confondre, et au chapiteau la feuille d'acanthe se déroulait, aux dépens des ornemens bizarres, des figures d'animaux et d'aigle qu'elle recouvrait encore. En apercevant de loin le monastère del Ligurri, le voyageur qui arrive du nord, l'âme remplie des impressions des ruines dans ces contrées, croit retrouver un monument druide formé de quatre pierres énormes. Le savant académique, qui, dans la moderne Italie, ne veut voir partout que des restes des anciens Romains, se plaît à y reconnaître de loin les ruines d'une ville, ou les restes d'un antique camp fortifié.

Rien n'aurait fait soupçonner la destination religieuse du couvent, si l'on n'eût découvert dans une niche, du côté qui regarde la mer, une énorme *Madonne des pêcheurs*, les mains jointes et élevées vers le ciel. De plus près, on lisait encore assez bien une grande inscription en caractères gothiques, toute verdie par les plantes qui cachaient les lettres, mais pas assez cependant pour qu'on ne pût déchiffrer, *Ibi pax cum scientiâ*, la légende de la science et du repos, de la congrégation del Ligurri. Cet édifice et ses religieux étaient en grande vénération dans tout le val. Les pêcheurs, après avoir passé la barre de récifs dangereux qui bordent la baie, arrêtaient les manœuvres pour s'agenouiller un moment devant l'image de la Madonne, avant de gagner le large. La statue était surmontée d'un méridien de cuivre, antique cadeau fait au monastère par de riches marchands juifs qu'il recueillit; aussi, à cause de la foi des donateurs, le peuple s'imagine qu'il marque l'heure dans tous les temps de l'année, excepté le vendredi-saint, jour où le style ne jette aucune ombre, même pendant le plus beau soleil.

Tous les environs du couvent del Ligurri annonçaient que ce monastère était fait pour une vie retirée et contemplative. Dans ces lieux, la nature semble être d'accord avec la gravité des pensées de l'homme. Un site solitaire, un ciel brûlant, un horizon souvent chargé de nuages, un pays peu fréquenté, des mœurs originales et hardies, que les lois sont contraintes de tolérer, tout se réunissait pour inspirer des pensées sérieuses, et pour mettre l'homme en contact avec les plus étranges phénomènes de l'ordre moral et physique. Cette partie de la Calabre ressemble peu au reste de l'Italie. Le génie des arts modernes n'y a laissé aucun chef-d'œuvre. On n'y trouve plus que des ruines méconnaissables, sans signe et sans inscription; la nature semble y régner seule. On n'y découvre nulle part cette vie, ce mouvement qui environne les habitations des hommes. L'édifice del Ligurri semblait avoir rompu toute communication avec le monde. Les pêcheurs de la baie ne s'apercevaient de l'existence du couvent del Ligurri, que par les lueurs qui sortaient de la chapelle au moment de l'*Ave*, ou par les chants des religieux, dont le bruit, tantôt rapproché, tantôt éloigné par les vents, se mêlait par intervalles au fracas lointain de la mer et au murmure de la tempête.

Mais ce n'est ni l'apathie du gouvernement, ni la fainéantise si chère au Calabrois, qui a rendu ce pays si sauvage. De fréquens tremblemens de terre répandaient l'épouvante dans toute cette partie de la Calabre. Le sol, crevassé en mille endroits, conserve la trace des anciennes secousses et en présage de nouvelles. Souvent les rochers ont glissé sur leur base et ont roulé dans les vallées, en entraînant avec eux les arbres qui les surmontaient. Quelque temps avant leur chute, les habitans assurent que tous les oiseaux abandonnent les arbres en poussant des cris funèbres. On s'attend à des secousses quand l'air a été plus lourd que de coutume, quand des bruits effrayans sortent de la mer lorsque les vagues paraissent dormir, et surtout quand des météores bleuâtres ont brillé dans l'obscurité des nuits. Dans les grandes chaleurs, à la fin des jours d'été, lorsqu'une disposition particulière de l'atmosphère fait craindre l'approche de ces phénomènes effrayans, souvent on voit un paysan se coucher à terre pour entendre les mugissemens souterrains, précurseurs des secousses, puis il se relève fièrement, et continue sa marche comme méprisant le danger. Au milieu des agitations du sol et de la ruine de toutes les maisons qui bordent la côte, chose singulière, le couvent del Ligurri n'a jamais souffert, sans doute parce qu'il est isolé de toutes parts sur un massif de rochers, et que les agitations du sol traversaient le pied de la montagne. Cependant, on a souvent remarqué, dans ces climats, qu'une montagne isolée, qui résiste longtemps, peut s'écrouler tout à coup; et le banc d'argile qui avait préservé le couvent de l'action des secousses se minait tous les jours. Les paysans ont souvent observé que, tandis que toutes les habitations voisines sont marquées de profondes crevasses, les murs del Ligurri n'avaient d'autre fentes que celles que le temps y a creusées. C'est là qu'ils se réfugient dans les fortes secousses, et on leur voit faire un signe de croix lorsqu'ils remarquent que les grandes commotions, qui bouleversent la plaine, ne font pas même trembler les feuilles de rose de la couronne de la Madonna del Ligurri. On raconte, dans le pays, le fait suivant : Un riche paysan, qui avait amassé subitement de grands trésors dans des navigations un peu suspectes, voulut construire une maison de pierre comme celle del Ligurri : il la décora de statues antiques, de reliefs sculptés. Dans une seule nuit, de janvier 1783, au milieu des danses voluptueuses d'une fête, tout fut englouti : le nouveau riche et ses nouveaux amis disparurent sous le sol entr'ouvert; la maison fut changée en un monceau de ruines; un silence absolu régna dans ces lieux qui naguère résonnaient du chant des voix et des sons des guitares; et le matin n'éclaira que des pierres amoncelées, et on n'entendit plus que le sifflement des vents à travers des arcades solitaires. Et comment cette maison n'aurait-elle pas été renversée ? Ce fut à la même époque, mais deux mois plus tard, que la mer qui bat les rochers de Scylla, recula un moment, et vint reprendre son rivage en mugissant, et entraîna deux mille personnes qui s'étaient réfugiées sur un rocher : les vagues étouffèrent leurs derniers cris. On prétend que tout près de cette malheureuse demeure du riche, une croix de bois, qui surmontait le tombeau d'un jeune homme tué en combattant les barbaresques, était encore debout avec la couronne de fleurs d'oranger qu'une jeune fille y avait posée le matin.

Toutes ces causes réunies favorisaient puissamment la vénération des habitans pour les murs del Ligurri. Leur aspect immuable rappelait l'éternité de la religion, aussi c'était un lieu inviolable et toujours respecté. Il eût été très-facile d'en escalader l'enceinte, et jamais l'audacieux contrebandier n'essaya de la franchir. Un léger et frêle vitrage séparait la chapelle et ses ornemens de la campagne environnante, et jamais des mains sacriléges ne la dépouillèrent de ses vases sacrés. Bien plus, les barbares de l'Afrique, qui souvent débarquent sur cette plage attirés par la soif du butin, ont respecté le monastère, qui leur rappelait les retraites des cénobites de l'Atlas. Lorsque dans une belle soirée d'été les habitans de la baie se réunissaient sur le rivage pour goûter le frais de la brise de la mer, à l'heure où les premières étoiles commencent à scintiller, souvent l'un d'eux se plaçait sur une pointe de rocher où il avait étendu son manteau, et il improvisait des chants patriotiques sur la retraite des Français en Sicile, ou sur les aventures d'Artisia, jeune fille d'Isola, enlevée par un chef de corsaires, et qui se précipita dans les flots parce que son faible cœur aimait un infidèle; lorsque le chanteur arrivait à l'invocation religieuse qui termine ces strophes, on le voyait se tourner dans la direction del Ligurri, et s'incliner devant le lointain sanctuaire. Le pêcheur s'orientait le soir aux reflets dorés que le soleil lance sur les vitrages. Le soldat avant de partir présentait ses armes aux religieux, qui demandaient au ciel de lui accorder la victoire, un heureux retour, ou l'éternel salut. Les vieillards espéraient

que le monastère dirait pour eux une messe funèbre. Les jeunes filles, qui se figurent que la vie humaine est riante comme les fêtes des mariages,
savaient que c'est dans l'église del Ligurri qu'un
vieux prêtre avait prié pour des amans, et que
c'était là que l'auguste autorité de la religion
avait consacré les sermens de l'amour; là, elles
avaient entendu leurs compagnes, couvertes de
voiles blancs et parées de fleurs nouvelles, prononcer en rougissant ces paroles, ces douces paroles qui nous engagent à jamais. Aussi un sentiment pieux et tendre venait se mêler à la prière
de la jeune fille agenouillée devant la Madonne,
sur les bords de la route, et qui, involontairement, levait des yeux brillans d'espérance vers
la chapelle nuptiale del Ligurri.

Il était rare que des personnes autres que
celles qui habitaient les villages voisins pa-
russent autour du couvent. Cependant, vers
le mois de juin de 1801, on aperçut un étranger parcourant le voisinage du monastère; de
très-grand matin on le vit descendre d'un air
distrait les rochers d'Arezzo, qui bordent le
val del Ligurri : c'était Areo Rienzi, jeune
homme issu d'une noble famille romaine. Après
une jeunesse agitée et orageuse, il avait éprouvé
des revers de fortune qui l'avaient obligé de
louer le palais de ses aïeux à des Anglais, et
il allait s'embarquer pour la Grèce ou pour l'A-
mérique du Sud. Voulant échapper à la police

inquisitoriale, qui, sous tous les régimes, a pesé sur l'Italie, et pour écarter tout soupçon, il était venu seul à Catanzaro, pour se jeter dans un bateau pêcheur et gagner Messine, où il avait des amis. Sans avoir pris conseil de personne, il quittait ainsi sa patrie, ses amis, sa famille et toutes ses affections. Il était sorti de Catanzaro pendant la nuit, et il venait tâcher de gagner un pêcheur, qui peut-être pourrait le prendre à la baie del Ligurri, où il arriva avant le lever du soleil. C'était vers la fin d'une de ces belles nuits dont le climat capricieux de la Calabre offre tant d'exemples. L'étranger parcourait les beaux sites du paysage environnant; et, prêt à quitter le sol natal, il semblait jouir avec ivresse de l'aspect qui s'offrait à lui de toutes parts. C'était le moment où l'obscurité s'efface devant le premier crépuscule, et où l'orient se nuance d'une teinte de rose. Vers le zénith, les nébuleuses phosphorescences de Persée lançaient les derniers feux de leur lueur tranquille qui allait bientôt disparaître à l'horizon, et les étoiles du cygne et de la lyre, grossies par la couche de vapeurs et prêtes à s'enfoncer sous la mer, paraissaient comme la lumière d'un phare mouvant, et contrastaient avec la vive et pure teinte de l'étoile du berger, étincelant sur le fond de l'azur céleste. A cette lumière des constellations se mêlait l'éclat de quelques insectes brillans, épars dans les arbustes. Dans le lointain, la mer gonflée par la brise du matin se sillonnait légèrement et indiquait le contour de la baie par une ligne d'écume. Tout était tranquille dans ce site sauvage. Il régnait dans toute la nature ce repos qu'on ne peut définir, ce calme enchanteur qui avait fait penser aux habitans de la vallée du Nil que la lyre du dieu de l'harmonie résonnait aux premiers rayons de l'aurore. La tempête n'agitait plus la forêt, et il ne restait qu'un zéphyr pour apporter les parfums des fleurs. De temps à autre, on entendait, dans la plaine du rivage d'Arezzo, le mugissement d'un buffle, le cri aigu d'un faucon, quelques voix lointaines, ou le bruit monotone des rames d'une chaloupe mêlé au murmure sourd de la mer. Quelquefois on croyait saisir de loin les chants rauques d'un paysan qui sort de chez lui en brandissant son fusil. Et ces marques de l'existence de l'homme, ces signes de sa vie, jetaient encore un nouveau charme sur la solitude. Le voyageur s'aperçoit alors que tout n'est pas mort dans cette aride plaine, et que les affections et les passions de l'homme s'y mêlent aux beautés de la nature et à la sauvage harmonie des élémens. A chaque instant Rienzi voyait le ciel s'éclaircir davantage, et le soleil montait rapidement vers l'horizon ; il contemplait avec ravissement tous les objets sortir lentement de leur obscurité, et le soleil venir dépouiller la nature du noir manteau de la nuit. En voyant le soleil, par sa seule présence, tein-

1.

dre de mille nuances le vert des forêts, distribuer dans le ciel cet azur qui le décore, donner aux montagnes, aux vallons, aux rivages ces couleurs mille fois diversifiées qui les embellissent, répandre sur les plaines de l'Océan, que la nuit nous offre vagues et sans limites, le bleu de ses flots, et luire enfin sur la figure divine de l'homme, qui réfléchit si noblement ses rayons, le jeune étranger comprit alors comment un sage de l'Orient avait osé placer la lumière sur le trône même de l'Éternel. Son âme était capable de sentir ces merveilles. Il s'abandonnait avec délices à des émotions si variées, si puissantes. Son imagination ajoutait encore de nouvelles richesses à la grandeur de l'aspect, et se prêtait avec volupté à des illusions qui étaient son ouvrage. Bientôt ce ne fut plus qu'une demi-ombre qui cachait la face riante de la nature. Alors, s'offre-t-il un vague lointain, une noire cavité dans une forêt, un enfoncement entre deux nuages, l'imagination y pénêtre et y contemple les formes qu'elle y va placer. C'est alors que les forêts paraissent aériennes, et que les montagnes semblent confondre leurs contours vaporeux avec le ciel. Les accidens de la lumière et les jeux du mirage secondent la pensée qui se prête à ces déceptions. Alors, le ciel semble animé comme la terre, et le vaste azur se peuple d'habitans; c'est alors que les esprits purs qu'a chantés Milton paraissent s'avancer vers le soleil, en se voilant de leurs ailes d'or; c'est alors que l'habitant des montagnes de l'Écosse découvre dans le nuage la vierge Témora, qui pleure dans le sein de ce vieux guerrier, de son père, dont la chevelure flottante brille au loin sur la plaine où Fingal n'a plus de tombeau; c'est alors que les pâtres de la Suisse s'imaginent voir, dans les vapeurs des glaciers, les ombres sacrées de ses défenseurs planer sur ce modeste temple consacré à la mémoire de Tell, et qu'ont jusqu'ici respecté les hommes, les avalanches et la foudre.

L'heure de la nuit et l'aspect du lieu réveillaient de semblables illusions dans l'âme du voyageur. Le jour était assez avancé pour que les pêcheurs pussent découvrir son air et ses traits. Ses traits étaient réguliers, mais quelque chose de sombre et de triste en diminuait la douceur. De longs chagrins paraissaient avoir devancé l'effet du temps. Il s'avançait lentement, enveloppé d'un large manteau de couleur foncée, qui drapé à l'entour donnait une apparence sévère et antique à sa taille et à sa démarche. La cocarde des patriciens de Rome ornait son chapeau de feutre. Il paraissait enivré de l'aspect d'un si beau site et de la douceur de l'air. Il contemplait tour à tour la terre verdoyante et le bleu firmament; surtout il portait les regards sur un oiseau au plumage éclatant, qui planait dans les airs, bien au-dessus de la vallée del Ligurri, à une telle hauteur, que son plumage bronzé brillait des premiers rayons du soleil, tandis que la plaine était encore dans la nuit. Le jeune étranger, égaré par ses passions et tourmenté de son sort, enviait presque l'existence des habitans de l'air, dont le vol rapide lui semblait l'image de la liberté. Suivant l'usage de son pays, inspiré par ce beau matin, il laissa échapper ces paroles improvisées :

« Au lever du jour, la nature entière salue le soleil. Tous les êtres vivans prennent alors un langage : l'homme seul gardera-t-il le silence? Salut, jour nouveau qui luis sur la terre ! Nouveau jour, que m'apportes-tu? Hélas ! combien de fois l'aurore a frappé mes yeux brillans d'espérance et de bonheur, et tout s'était enfui avant le soir! Et, cependant, je dirai l'impression de cette heure délicieuse qui exerce tant de pouvoir sur notre cœur. Comment le calme des cieux descend-il dans l'âme de celui qui les contemple? Comment se fait-il que la vertu soit ramenée dans notre âme par le spectacle du beau? Comment se fait-il qu'à l'aspect des cieux et de leur brillant cortège, de la mer, des forêts, des ruines, les passions répriment leurs désirs, l'ambition oublie ses rêves, et le cruel amour suspend ses chagrins? C'était au lever du soleil qu'Homère accordait sa lyre. Pourquoi les guerriers, les sages, le peuple et les rois, s'empressaient-ils d'écouter le sublime vieillard? c'est qu'il leur racontait les impressions qu'avaient fait naître dans son âme et les bois de Sparte, et les rives de l'Eubée, et les collines du Pinde baignées par la rosée des cieux !

» C'est maintenant l'heure de la méditation et du silence. Maintenant la nature semble reprendre des forces, et l'homme se recueille. Que d'autres préfèrent de voir le soleil éclairer au midi les sables d'une vaste plaine, ou de voir des nuages amoncelés soulever la mer et laisser échapper la foudre. Que d'autres aiment ce moment où la lune et sa pâle clarté jettent une lueur douteuse au fond des forêts, et alors l'imagination voit des nymphes gracieuses sortir des replis d'un tronc desséché. Que d'autres s'abandonnent aux terreurs de ce moment plus solennel où la crainte évoque des fantômes, où elle croit voir des spectres parcourant les lieux qui leur furent chers, et se montrer autour des tombeaux; moi, j'attends avec délices l'heure du matin, le moment où tout renaît avec le jour, le moment où autrefois des accords qui venaient du ciel firent retentir d'une harmonie céleste les plaines de la Judée, lorsque Dieu eut pitié de l'ouvrage de ses mains, et que les bergers se prosternèrent. C'est maintenant l'heure où la jeune épouse, la tendre mère se lève dans son inquiétude, se penche sur le berceau de son enfant nouveau-né, et écoute son sommeil; c'est l'heure où de légers gazouillemens de la jeune couvée éveillent la tendresse des mères, qui, toute la nuit, réchauffaient leurs petits, bercés par les chants nocturnes de cet oiseau qui chante l'amour et la constance; maintenant le dauphin se joue à fleur des vagues du nord et étale sa peau luisante, et le chamois des Alpes secoue sa tête gracieuse, humide encore de la rosée de la nuit; maintenant les étoiles pâlissent, l'aurore s'avance; les fleurs penchent leur calice vers le soleil, et mille parfums s'échappent de la terre.

» Peut-être les respire-t-il, ces parfums, cet oiseau léger qui plane dans les airs, bien au-dessus de moi. Que doit-il éprouver lorsqu'il plonge sur l'immense horizon qui se déploie sans bornes devant son vif regard ? Il domine la plaine au-dessus de la région où se forment les orages. Ah ! sans doute un disciple de Pythagore, le sage de Samos, lui donnerait une intelligence, une pensée semblable à la mienne; il verrait captive, sous ces ailes dorées, l'âme d'un de ces anciens patriotes de l'antique Rome, revisitant sa patrie en deuil, et trouvant partout des lâches et de la lâcheté; il entendrait ses cris plaintifs; il verrait tomber ses larmes sur le deuil de l'Italie. Peut-être est-ce cet oiseau du bûcher, cet aigle qui s'éleva vers les nuages avec l'apothéose de Titus. Dépositaire de cette grande âme, pourquoi reparaît-il dans ces lieux, où le fils de Vespasien pleurait quand il avait perdu un jour ? Il semble descendre ! mais non, où trouverait-il une place pour se poser sur cette terre esclave ? Non, il fuit l'esclavage, il fixe le soleil, il s'élance vers l'orient. Ame d'un grand homme, tu remontes indignée dans les cieux!

» Mais bientôt mes illusions disparaissent. Ces enfans de mon imagination s'enfuient avec les ténèbres. Me voici seul, triste et sans ami! — Et que suis-je donc, moi, faible mortel, qui me traîne obscurément sur cette route déserte, auprès de l'oiseau qui traverse le ciel, et qui s'avance sur l'Océan, même quand le matelot rentre pâlissant dans le port? L'aigle a au moins un gîte, un abri sûr, une compagne et peut-être de constantes amours. Quand il plane dans les airs, quand il domine l'Océan, toujours il peut découvrir encore son nid sur le rocher. Qui ose l'y poursuivre? Il brave les chasseurs, et à leur approche s'envole dans les nues. Le tient-on captif, il refuse d'être esclave et consent à mourir; il ne redoute que les orages.

» Mais moi, misérable et chétive production, mes viles passions, mes doutes tumultueux me précipitent des hauteurs où ma raison me place. Né dans un jour de colère, jouet du sort et victime de l'envie, livré aux inquiétudes éternelles, aux doutes déchirans, exposé à tous les chagrins, et même aux remords, je ne puis rester un moment fidèle à ma nature et suivre la voix de mon intelligence; mon imagination vagabonde s'élève au-dessus des fortes résolutions de mon âme, comme cet iris vague et brillant qui flotte sans consistance sur l'abîme des cataractes. Je cherche toujours le repos, et il s'éloigne sans cesse. Cruellement guéri des rêves de l'ambition et des promesses plus séduisantes de l'amour, qui me révélera le secret de notre être, le mystère de notre destinée ? Qui viendra fixer mes pensées errantes, mille fois plus mobiles que ces teintes d'or et d'azur que le soleil verse sur les glaciers des montagnes ? Ah ! ne pouvez-vous pas m'instruire, majestueuse et sublime nature, souvenirs des temps passés, ruines antiques qui jonchez la plaine, rochers menaçans ébranlés par les flots, pur ciel où j'arrête mes regards avec délices; votre impression éloquente ne saurait-elle tarir la source de mes angoisses ? Et vous, antiques sages qui habitiez autrefois ces lieux encore pleins de votre souvenir, sortez de vos tombeaux pour instruire un mortel; révélez les secrets de votre génie, les motifs de votre longue constance, et venez me rassurer sur mon sort et sur le triste destin de l'humanité.

» Mais non, j'ai médité sur les sciences, j'ai consulté les philosophes, et ces oracles fameux ont refusé de parler pour moi. J'ai demandé des leçons à tous les pays, à la nature entière. J'ai visité de nouvelles terres; j'ai vu des étoiles qui ne se lèvent jamais dans le ciel de ma patrie; j'ai entendu cette voix que les poètes attribuent à l'Océan, aux montagnes : et ces tableaux sublimes, qui ont inspiré tant de génie et de vertu, m'ont trouvé et m'ont laissé morne et insensible. Ah !

je le sens, tout passe, tout s'oublie. La mémoire des morts s'éteint d'abord; ensuite les lettres funéraires s'effacent par le temps; enfin le sépulcre même tombe en poudre, et il ne reste plus rien. Les plus belles résolutions s'arrêtent bientôt dans leur cours, et ce lierre vivace entrelacé dans cette colonne, et que l'ardeur du midi va flétrir, me peint la force de notre cœur et la triste fin de nos projets. Nous sommes jetés sur la terre, froids, incrédules, sans conviction et sans guide : errant à l'entrée de mille avenues, qui toutes sont dangereuses, nous ressemblons, dans notre profonde détresse, à ce voyageur délaissé par ses compagnons dans les déserts : désespéré, silencieux, l'œil fixe et hagard, il attend la mort au pied d'un palmier; de tous côtés se déroulent d'immenses et vagues solitudes, et lorsque consumé par la soif et tant de douleurs, il s'étendra mourant sur le sable, son dernier regard ne verra encore que de vastes plaines, parsemées de quelques ossemens. »

Tels étaient les tristes pensers du jeune voyageur; tels étaient les chagrins qu'il confiait aux noirs rochers d'Arezzo, et les vents emportèrent ses plaintes sur leurs ailes. Il resta quelque temps plongé dans une profonde rêverie. Pendant qu'il était absorbé, le hasard amena un de ces phénomènes subits très-communs dans le midi de la Calabre. Une violente rafale fit entendre des mugissemens et annonça l'approche d'un grain.

Quelques petits nuages d'un noir très-foncé traversaient le ciel avec rapidité. En un instant, pendant qu'il méditait encore, l'orient se couvrit de nuages; le ciel se voila. Comme pour justifier ses paroles, ce superbe matin allait se changer en une tempête. Déjà tous les objets avaient revêtu cette teinte grisâtre qui précède l'ouragan; le vent agitait les arbres, et des bruits mélancoliques sortaient de dessous leurs ombrages; le vent soufflait avec violence parmi les ruines, et de temps à autre en détachait quelques pierres qui tombaient aux pieds de l'étranger. Une foule d'oiseaux, saisis de crainte, se hâtèrent de gagner le couvent et ses arcades protectrices. Déjà on avait hissé au phare del Ripalti un pavillon noir, pour avertir les bateaux qui se trouvaient dans la baie de rentrer ou de gagner au plus vite le large. La mer grondait sourdement, et son azur s'était changé en un vert foncé, entremêlé de sillons d'écume blanchâtre. Tout le firmament s'était obscurci; des vapeurs sombres semblaient s'abattre sur la vallée, et si les nuages pressés dans leur intervalle laissaient échapper çà et là un dernier rayon de soleil, il dessinait sa route par une trace au milieu des vapeurs. De loin les Apennins étaient entièrement cachés; et on voyait dans le fond de l'horizon de grands mûriers, des pins gigantesques, violemment agités, s'incliner presque jusqu'à terre. Déjà la chapelle del Ligurri s'était illuminée; on entendait les chants solennels de la vieille antienne *Pro cœlo sereno,* répétée à voix basse par les pêcheurs, qui parcouraient la baie pour aider leurs compa- gnons à traverser les brisans. Enfin la foudre éclata sur le rocher qui élevait ses tours noirâtres derrière le monastère. Un silence effrayant suc- céda à ce fracas, et bientôt une lueur lointaine, perçant au travers des branches, annonça que les arbres des hauteurs del Ligurri étaient embrasés. Le coup de tonnerre fit sortir le jeune Rienzi de sa profonde rêverie; il paraissait prendre plaisir au bruit majestueux de la tempête; il contem- plait fièrement tout ce spectacle; le murmure des vents, le bruit des forêts, l'ouragan sifflant au travers des ruines, le fracas des eaux déjà gon- flées par des torrens de pluie, les cris des animaux effrayés, le roulement du tonnerre, et le sourd mugissement des flots; il se réjouissait de voir la nature entière en harmonie avec les sombres pen- sers de son cœur.

Rienzi eût voulu se diriger vers les cabanes du rivage; mais la tempête qui redoublait l'obligea de chercher un abri dans le couvent, pour y at- tendre le moment de s'embarquer. Il s'approcha de l'enceinte del Ligurri. Abrité sous un porche extérieur, Rienzi, peu troublé par l'orage, s'ar- rêtait à contempler la courbure de l'arche qui menait à l'entrée principale, et qui, sculptée avec une légèreté gracieuse, imitait les arabes- ques des sérails de l'Orient. Il remarquait les feuilles de vigne, les méandrites grecques et l'empreinte du lotus égyptien, que l'architecte avait placés sous les pieds d'un ange, symbole du christianisme vainqueur des dieux de l'Ida et de Memphis. Enfin il sonna, et demanda l'hospitalité pour un jour. Suivant la règle de saint Benoît, deux religieux le reçurent, l'introduisirent dans la salle des étrangers, et les soins les plus prévenans lui furent prodigués. Il prit l'eau bénite dans un vase de verre imitant grossièrement la cigogne, la *cicura del Ligurri*, qui avait vécu plusieurs siècles, suivant le calcul du peuple, dans l'embrasure de la chapelle. On voyait, dans cette salle, une espèce de buffet en dalles volcaniques, où les pauvres venaient faire leur repas; et, en face, un vase de cristal, sculpté à la manière de Cellini, recevait les offrandes des riches. Rienzi y jeta dédaigneusement quelques pièces d'or. Le père hospitalier paraissait frappé de la démarche et des traits du voyageur. Il le fut davantage quand il le vit regarder avec indifférence des livres richement reliés, remplis de ces gravures de miracles authentiques que l'on conserve dans les couvens de l'Italie, et essayer de transcrire quelques idées sur ses tablettes. Le religieux et le jeune étranger se regardaient en silence, car la règle du couvent interdisait de faire des questions aux voyageurs. Rienzi égarait le crayon sur les feuilles d'ivoire, y traçait quelques mots, puis rentrait dans sa rêverie. Le murmure de l'orage faisait résonner les vitrages de la salle, et rien dans sa disposition intérieure ne paraissait propre à calmer la tristesse. Une salle assez basse se prolongeait, faiblement éclairée par une lampe de fer. A peine sa clarté laissait-elle apercevoir un autel simplement orné et une grande croix de bois d'ébène; une guirlande de fleurs roses en ornait les contours, et des débris de feuilles parsemaient un pavé en dalles de lave. Au-dessus de chacune des portes qui aboutissaient aux chambres destinées aux voyageurs, on avait placé quatre grands tableaux de Sébastien del Piombo, dont l'expression était morne et solennelle. Aucun bruit ne s'élevait dans le couvent. A voir l'énorme épaisseur des murs, la lueur blafarde du ciel, l'aspect funèbre du lieu, on se serait cru dans un vaste tombeau. Rienzi contemplait avec un sourire expressif les traits d'une Madeleine copiée du Dominiquin, dont les beaux yeux, à demi-éteints par ses douleurs, se fixaient sur la froide terre où elle allait être ensevelie.

Tout à coup, des sons harmonieux et lointains se firent entendre. Les longues galeries du cloître répétaient le bruit d'un chant solennel, qui s'élevait dans les intervalles de la tempête. On eût dit qu'au milieu de ce fracas de la nature et du désordre des élémens, une voix suppliante s'élevait vers le ciel pour désarmer son courroux. C'était l'*Ave* du matin qu'on chantait dans la chapelle. Le frère se leva, jeta derrière lui son capuchon brunâtre, et se mît à genoux devant la fenêtre. Rienzi se prosterna à ses côtés, et le bruit des chants semblait faire renaître le calme dans ses sens agités. Au cloître del Ligurri, dans les temps d'orage, le service religieux avait quelque chose de bien solennel. L'aspect sauvage et retiré du couvent, sur les bords de la mer, et presque baigné par les flots, donnait à la prière quelque chose de majestueux. Plus l'homme est petit devant les ouvrages de la nature, plus le sens religieux lui semble nécessaire et sublime. Sur les rivages de la Calabre, entre les vagues, la foudre et les volcans, l'homme cherche d'autant plus à se réfugier auprès d'une puissance qui domine toutes ces choses. Après la cérémonie, le père et Rienzi se saluèrent de nouveau, et remarquèrent avec joie que le temps semblait changer. Le ciel était traversé par un immense iris, dont une colonne paraissait s'appuyer sur la montagne, et l'autre se perdait au loin du côté de la mer.

Rienzi jetait souvent les yeux du côté de la baie, et semblait attendre les bateaux pêcheurs que l'orage avait dispersés. On entendait distinctement les cris des marins, qui gardaient le phare del Ripalti. Comme il se disposait à partir, le frère hospitalier parut dans la salle, et lui adressa ces mots : «*Pax vobiscum*, mon frère ; voici ce que le vénérable père supérieur du couvent de l'ordre San-Jose del Ligurri m'a chargé de vous dire. Il m'a dit : *Je désire voir l'étranger qui a rompu le pain dans le couvent dont je suis le conducteur indigne ; qu'il me voie avant de quitter le val, sinon, qu'il s'éloigne en paix.* » Rienzi parut surpris de cette invitation ; mais il fit signe au frère hospitalier qu'il allait le suivre. Ils pénétrèrent ensemble dans la seconde cour, où un vieux bas-relief, peint suivant une ancienne coutume et représentant la tentation de San Como par le démon sous les traits d'une courtisane de Milan, avertissait que les femmes ne pouvaient dépasser cette enceinte.

Rienzi fut frappé de l'air d'élégance classique qui y régnait. Ici rien de sombre et de triste, comme dans la première enceinte. Les compartimens de gazon qui formaient le centre de la cour étaient ornés de statues de marbre. Les contours arqués de la galerie qui l'entourait étaient réparés avec soin, et peints en dedans de sujets poétiques. D'énormes bénitiers étaient placés entre les arcades, et les vitraux peints étaient couverts d'inscriptions gothiques sur les exploits des chevaliers siciliens. On y voyait Jeanne-d'Arc, la vierge de la foi, reçue dans le paradis, et s'élevant au ciel au travers des flammes. Les petites fenêtres étaient séparées par des colonnes, qui rappelaient certaines parties des bains de Titus. Des plantes étrangères fleurissaient dans le jardin. L'agave ouvrait ses larges feuilles imprégnées d'une humidité que le soleil ne pouvait lui ravir. Rienzi contemplait toutes ces choses avec attention, quand le frère hospitalier l'introduisit dans une longue pièce éclairée seulement par le haut, et dont les vitres paraissaient interrompues par un carré garni de glaces mobiles, comme pour l'observation du ciel. En effet, un cercle astronomique, avec sa lunette et ses divisions, était dans un coin de la salle. De toutes parts elle était creusée de cases de marbre, remplies de manuscrits roulés, de fragmens d'antiques, de Papyrus tombant en lambeaux. C'était le *scriptorium* du couvent, et rien ne rappelait la destination religieuse du lieu, qu'une Vierge en ivoire, au-dessous de laquelle on avait suspendu une épée, une écharpe, et quelques pièces d'un turban, trophée d'une ancienne conquête, avec la croix rouge des chevaliers de Saint-Marc. A la lueur incertaine qui pénétrait dans la galerie, Rienzi vit dans une stalle de chêne un homme fort âgé, dans l'attitude d'une méditation profonde. C'était Caritéas, le supérieur du monastère del Ligurri. Le vêtement du religieux était simple et sévère : une longue robe noire l'enveloppait tout entier, et était serrée par une ceinture noire; une croix brillait sur sa poitrine. Sa figure imposante, sa majestueuse vieillesse, rappelaient les traits de l'un des mages du tableau de Rubens. Quoique ses yeux fussent ternis par l'âge, et ses traits creusés par les années, son visage conservait une expression de force et de vigueur. Il avait cet air grave et imposant que la main du temps donne aux ruines. On pouvait découvrir sur son front les traces du calme de son cœur. Sa science égalait sa piété. Jamais un pauvre ne se présenta devant lui sans en recevoir des consolations, des conseils ou des secours. Comme il avait peu de relations avec le peuple des environs, et qu'on le voyait descendre dans le val, à la tête des religieux, seulement quand une grande catastrophe glaçait les cœurs d'effroi, les habitans de la plage lui attribuaient des pouvoirs surnaturels. On faisait une espèce de magicien d'un homme si vertueux et si sage. Ainsi, dans tout le val d'Arezzo, on répète que lorsque le *padre Cariteo* est en prières, alors le murmure de sa voix se fait entendre seul dans la salle du scriptorium del Ligurri, même si les éclats de la foudre et le mugissement de la mer font trembler le village.

A la vue de Rienzi, qui s'était incliné avec respect pour obtenir la bénédiction, Caritéas se leva, Rienzi se mit à genoux. Le vieillard étendit ses mains sur la tête du jeune homme, dont les cheveux noirs retombaient sur ses épaules. Il était touchant de voir l'expression de bonté du vieillard, et l'air confus avec lequel le jeune homme s'était prosterné à son aspect vénérable. Caritéas prononça ces paroles.

« Jeune étranger, mon frère en Jésus-Christ, j'ai voulu te voir avant que tu sortes de nos murs. Ta main s'est ouverte pour les pauvres, mon fils;

c'est une profusion que Dieu te rendra au cen-
tuple. Que sa paix t'accompagne ! car sans elle
le monde n'est qu'une vallée de larmes. Que son
bras te protége, soit que tu affrontes l'océan sur
un frêle vaisseau , soit que tu te trouves seul et
sans amis sur la terre des étrangers , soit que tu
t'exposes aux périls de la gloire un jour de ba-
taille , soit que tu consacres tes veilles silencieuses
à instruire ton pays et la postérité !

» Que Dieu t'accorde des joies domestiques ,
qu'il te donne des amis en qui tu pourras te confier, un père que tu verras vieillir, une épouse
que tu aimeras long-temps , des fils qui te feront
revivre ! Que la paix règne dans ta maison , et la
justice dans la ville que tu auras choisie ! Puisses-
tu ne goûter jamais que des joies sans remords et
des plaisirs sans regrets !

» Surtout , mon fils , travaille pour la bonne
cause. Rappelle-toi la bonne cause, si jamais tes
passions t'égarent, si jamais tu sens faiblir ta
vertu. Travaille pour elle , et pour elle seule , si
tu veux ceindre ton front de lauriers qui ne se
peuvent flétrir.

» Arrache le doute de ton âme. Crois au bonheur que procure la vertu. Va, parcours le monde,
sois heureux, et dans ta félicité songe à ceux qui
gémissent , et rends le genre humain participant
au bonheur que Dieu nous accorde , et que nul n'a
mérité. »

Ces paroles, prononcées lentement, pénétrèrent profondément dans l'âme du jeune Rienzi. Il se leva et regarda fixement Caritéas, dont les yeux perçans semblaient découvrir dans son cœur le trouble qui l'agitait. Après une pause, il rompit le silence en ces termes :

« Qui es-tu, ô mon père, pour me parler ainsi ? Ta voix retentit à mon oreille avec une force que je n'ai jamais éprouvée. Tes paroles me gouvernent, elles ont la grandeur de la religion. Il me semble que ta voix est venue du fond d'un sanctuaire. Mais que peut-elle pour rendre le calme à mon cœur ? Comment aurait-elle la puissance de me donner des convictions que j'ai perdues pour jamais. Mon père, un sage l'a dit, tout est incertitude, tout est vanité. L'ambition, comme l'amitié, comme la gloire, comme le plaisir, trompe nos espérances et nous laisse d'amers regrets. La rose de la vallée, qu'un rayon décolore, qu'un souffle ternit, n'est pas plus fugitive que la part de bonheur réservée à l'homme. La jeunesse est orageuse, la vieillesse est fatigante, la vertu est un mot, l'amour est un délire. Tout est triste dans cette vie, et tout est sombre quand on la quitte. Peut-être même n'est-il point de repos dans la tombe !

» Cependant il est quelques sages, qui goûtent ce calme céleste objet de tous mes vœux. Toi-même, mon père, tes paroles viennent d'une âme où il règne. Tu vois le jour, et je suis dans la nuit. L'empire avec lequel tu m'as parlé atteste que tes convictions sont fixées. O mon père! quelle serait ma joie si tu faisais luire à mes yeux cette lumière qui jette encore de si purs rayons sur ta vieillesse, si tu pouvais faire entrer dans ce cœur le repos, la sécurité où le tien est plongé! Éclaire-moi, mon père, j'ai soif de la vérité. Je ne demande pas à ces cloîtres solitaires, au silence de ces lieux, un repos qui ne peut exister dans ce monde pour celui dont l'âme est livrée aux tourmens de l'incertitude. Oui, mon père, j'espère qu'elle existe quelque part, cette auguste vérité, mais je ne puis la saisir. Je voudrais placer mes convictions à l'abri des préjugés du vulgaire et des sarcasmes des faux sages. Quelle bonne action de ta part, ô mon père, que de faire descendre la paix dans cette âme agitée comme les flots. Dans mes doutes perpétuels, je me dévore moi-même : plus de repos, plus de bonheur; rien que des soucis cuisans, des craintes perpétuelles. Mon père, je m'adresse à toi, comme les premiers humains s'approchaient de ces prophètes inspirés par l'esprit de Dieu, et qui, animés d'un divin délire, racontaient à la race nouvelle les secrets de la création, les mystères de la nature et de la vertu. »

Ainsi le jeune Areo Rienzi, tourmenté de son incertitude continuelle, et périssant dans un doute affreux, versait avec confiance ses chagrins dans l'âme du vieux Caritéas. Avec la présomption de la jeunesse, il avouait une foule d'incrédulités dont la révélation eût pu lui attirer des persécutions nouvelles ; mais cette fois sa confiance ne fut suivie d'aucun regret. Caritéas était assez philosophe pour aimer à répandre ses vues en philosophie, et, prêt d'un moment à l'autre à quitter ce monde, il remercia Dieu de lui avoir envoyé un jeune homme d'une âme naïve et fière, dont il pourrait guérir les souffrances, et auquel il pourrait laisser en héritage le fruit de ses méditations. Il s'abandonna avec délices à la douce joie de faire naître progressivement la certitude dans l'âme de Rienzi, et de remplir de calme, de paix, et de dévoûment peut-être, ce cœur jeune encore, mais déjà flétri par le doute, et livré à l'angoisse, à l'inquiétude et au découragement. Caritéas s'imaginait que ce devoir sacré était le dernier qu'il aurait à remplir. Ce philosophe de l'antiquité, voyant son élève vainqueur aux jeux Olympiques et ceindre la couronne, ne put point éprouver de plus douce joie que le vieux Caritéas, qui résidait isolé dans Ligurri, et qui se voyait appelé à être utile, dans le sens le plus noble et le plus vaste. Il se mit à genoux devant une fenêtre du scriptorium, et prononça à voix très-basse une prière, tandis que sa figure vénérable regardait fixement le ciel. Rienzi ne sut comment interpréter cette action subite et imprévue. Il crut un instant que le chef del Ligurri accomplissait quelque pratique de superstition monacale, et un sourire de mépris vint se placer sur ses lèvres. Le jeune homme, trop hâté de juger les autres, ne se doutait pas que le sage vieillard, loin de toute idée superstitieuse, élevait sa pensée vers le Dieu de l'univers pour lui demander la grâce de faire cesser l'inquiétude d'un cœur sans artifice, et de relever une de ses créatures abîmée dans la douleur.

Telles furent les circonstances qui donnèrent lieu aux entretiens philosophiques qui suivent. Malgré la durée de ces dialogues, ou plutôt de ces discours, Rienzi ne cessa de prêter la plus grande attention aux paroles du sage vieillard; il remit de quelque temps son voyage projeté, et bientôt il s'établit entre le vieillard et le jeune homme, entre deux âges si différens, cette confiance, cette union, qui redoublent l'intérêt des questions philosophiques. D'ailleurs Caritéas et Rienzi ne s'enfermèrent pas dans une salle du cloître pour conférer sur les grandes questions qui les occupèrent. Tantôt ils se plaçaient à l'ombre des orangers et des myrtes de l'enceinte intérieure; et, sous ces voûtes parfumées, respirant le calme de l'air, ils méditaient ensemble sur les beautés de la nature et sur la magnificence de ses ouvrages. Tantôt ils discutaient les questions du beau et les effets de l'admiration à l'heure où le soleil se lève et dore le paysage de ses premiers rayons, ou dans ce moment, si délicieux sous le ciel italien, où la fraîcheur de la nuit succède à une journée brûlante. Lorsque Caritéas et son disciple s'occupaient des arts, de ces merveilles du génie qui font respirer une toile et qui donnent de la vie aux marbres, ils se plaçaient devant les restes de l'antique sculpture qu'on avait trouvés dans la vallée, à demi détruits par le temps et les barbares. En parlant de l'histoire et des sciences, Caritéas montrait à Rienzi les instrumens qui mesurent les astres, et les rouleaux de ces manuscrits anciens qui ont échappé à l'action des siècles sous les cendres d'un volcan. Dans presque tout le cours de ces conversations de philosophie, Caritéas et Rienzi s'asseyaient, après le coucher du soleil, sur les terrasses del Ligurri. Ce fut là, sous la voûte des cieux déroulés sur leur tête, au milieu de cette nature majestueuse, en présence de ces étoiles, soleils innombrables parsemés dans l'espace, que le vieillard racontait son avis sur l'univers, sur l'âme et sur leur auguste auteur. Et lorsque les méditations de la science profonde les plongeaient dans la rêverie, lorsque les paroles du vieillard s'affaiblissant les laissaient tous deux dans une calme méditation, alors rien ne troublait ce recueillement pieux; on n'entendait plus que la brise embaumée du soir, et le bruit mélancolique des flots qui s'élevaient sur la plage. Ce fut ainsi que le vieux Caritéas apprit au jeune Aréo Rienzi les secrets de la philosophie, après que celui-ci eût expliqué ses doutes au vieillard.

I.

Je m'adresse à toi avec confiance, ô mon père, et déjà je crois entendre la vérité me parler par ta bouche. Hier encore, parcourant la plaine qui entoure ces lieux, j'invoquais les antiques sages, honneur de notre patrie; il me semble maintenant que l'un d'eux m'est apparu pour m'enseigner à vivre et à mourir. Comment refuserais-je de t'écouter? tu réunis les deux qualités qui imposent le plus quand on les porte avec honneur. Prêtre et vieillard, ta sagesse s'est accrue par les années; tu joins le calme de la vertu au calme des vieux jours; tu ne consumes point ta vieillesse en vaines contemplations, ton cœur est rempli de l'affection du genre humain. Que je voudrais croire, ô Caritéas, qu'elle ne s'engloutira point dans la tombe, cette âme fière et vertueuse, cette flamme de charité, digne sans doute d'être immortelle. Je le vois, tu voudrais faire part à tous les hommes de la paix que tu t'es créée, et au fond des cloîtres tu t'occupes de notre bonheur. Souffre donc, ô mon père, que je dépose mes douleurs en ton sein; ne repousse point la franchise d'un jeune homme; permets que je t'expose mes doutes, mon état, et tous les besoins de mon âme; permets que je te dévoile mes plus intimes pensées; excuse-moi si mes doutes et mes plaintes viennent troubler la paix des lieux où tu habites; c'est la voix d'un homme du monde, de ce monde sceptique et incrédule, que tu vas entendre. Si tu calmes ses doutes et ses inquiétudes, si tu remplaces dans son cœur le tumulte et la crainte par le calme et l'espérance, mon père, tu auras produit une créature nouvelle, tu l'auras retirée des bords d'un abîme; tu auras mérité cette couronne que Rome accordait au sauveur d'un citoyen.

Je suis né d'une famille illustre et honorable. Des exemples de vertu entourèrent mon berceau. La sagesse a guidé mon enfance. On m'initia dès mes plus jeunes ans aux magnifiques secrets de la nature; en me faisant admirer ses merveilles, on m'apprit à adorer leur auteur. Des amis, des parens que j'aimais dirigèrent mes pas, et les derniers accens de leur voix mourante sont encore présens à mon cœur. Quel admirable résultat de la tendresse, ô mon père, que cet attachement pur et désintéressé; ce soin avec lequel une mère nous forme pour un avenir qu'elle ne verra jamais, et nous prépare à remporter des couronnes que nous ne pourrons que jeter tristement sur son tombeau; mais ces temps sont loin de moi. Il ne me reste de toute cette tendresse qu'un vague souvenir, qu'une mémoire qui s'efface, et que mon cœur essaie de retenir encore. Isolé dans ce monde, dévorant mes pleurs dont nul n'est témoin, pauvre et fier, je songe quelquefois à ces mots d'un vieux poète arabe : « J'ai revisité les lieux de ma jeunesse, et j'ai dit : Les amis de ma jeunesse, où sont-ils? Et une voix s'éleva, et répondit, Où sont-ils ? »

Bientôt j'ai fréquenté nos académies, nos écoles, non les écoles de la sagesse, où des maîtres philosophes, se faisant respecter et chérir au lieu de se faire craindre et détester, proposent à leurs élèves la vérité qu'ils enseignent et la vertu qu'ils pratiquent. Moins heureux que les disciples de Platon, les jardins de l'Académie ne m'ont point montré la Sagesse errante sous leurs bosquets. Mais j'ai consumé ma vive jeunesse dans les études les plus inutiles et les plus arides. Un peu de science m'a été imposé à l'aide d'un affreux despotisme. J'ai obéi; j'ai pleuré; j'ai baigné de mes larmes les pages de l'antiquité classique. Voulant me faire un homme instruit, on a commencé par me faire un esclave. Enfin, affranchi des bancs et secouant leur poussière, je suis entré dans le monde, et je me suis dit : Mon éducation est faite. Hélas! elle n'était pas commencée !

Je ne possédais aucune des connaissances nécessaires à l'homme, utiles aux citoyens. De tant d'études obstinées et malheureuses, il ne me restait qu'une connaissance mécanique de la langue d'Horace, et le souvenir de quelques passages épars, lambeaux des écrits de la Grèce. Mais que savais-je de la science, de la morale, de la logique, de la législation, de l'économie, de l'histoire? surtout qu'avais-je appris en philosophie? Quel guide mes maîtres m'avaient-ils remis avant de me lancer dans le monde? quel guide dans les difficultés? quel frein pour les passions? quelle consolation dans les malheurs? Chercha-t-on à m'enseigner la religion? loin de là, on ne m'a pas prouvé la haute nécessité d'une révélation, la beauté de l'Évangile; mais on m'a accablé de mystères. Des hommes ignorans ou sordides ont donné à la religion les traits hideux de leur âme. Un moine intolérant à étendu son manteau noir entre Dieu et moi. Que savais-je des sciences dont les lois admirables et positives rectifient notre jugement et agrandissent notre âme? de l'histoire, dont l'expérience est la meilleure leçon de la postérité? de la théorie des lois, dont un citoyen éclairé aime à connaître les bases en même temps qu'il obéit? de la théorie de la morale, dont les règles ont sans doute quelque appui dans notre âme? de la théorie des arts, dont les monumens m'entourent dès mon enfance, et réveillent en moi un brûlant désir de connaître la source et les lois du beau? Que dis-je? je ne savais même qu'imparfaitement l'histoire de ma race. Sans instruction et sans souvenir, je contemplais tristement la sépulture de ma famille. Rienzi ne savait que bien vaguement combien de fois le sang de ses pères avait coulé pour la patrie.

Je te la confie, mon père, cette triste vérité. Je suis livré aux tourmens de l'incertitude; mes doutes augmentent avec mes années, et cependant, je te l'avoue, une voix intérieure, que je ne puis étouffer, me fait révoquer en doute que tout soit vanité, et que la philosophie tout entière, science antique des héros et des sages, ne soit qu'un fantôme, qu'une chimère. Si je parviens à me démontrer qu'il est impossible de rien savoir, je le sens, j'appellerai les plaisirs, les voluptés pour distraire ma vie. Et si en effet tout doit finir au tombeau, pourquoi consumerais-je mes tristes jours à rechercher une sagesse inutile? pourquoi essayerais-je de vivre comme si j'étais immortel? Ah! bien plutôt, je détournerai ma pensée de l'idée de la mort qui va m'engloutir, et de ce tombeau ma dernière et éternelle demeure. Oui, j'exige de la philosophie qu'elle me prouve mes devoirs, qu'elle me démontre la légitimité de l'empire de la vertu. Je lui demande de me donner quelques certitudes; si elle ne le peut, alors je consumerai mes jours dans la joie. Je ferai le moins de mal possible, mais je ne ferai aucun bien; je laisserai venir le temps et les choses; je m'abandonnerai aux douces illusions de l'amitié, je goûterai les plaisirs si vifs et si passagers de l'amour. Victime dévouée à l'oubli, je couronnerai ma tête de guirlandes nouvelles; je tâcherai de m'endormir aux sons de l'harmonie ; j'écouterai avidement les chants de l'amour ; j'épuiserai la coupe des plaisirs ; ma vie sera la volupté. J'admirerai peu la nature, que je quitterai bientôt pour le néant.

J'userai mon existence à chercher le bonheur ; mais, ô mon père, puis-je espérer de le rencontrer ? Au milieu de ces distractions brillantes, si une secrète voix venait troubler mon repos, si des reproches, des craintes trouvaient accès dans mon cœur ? Je ne le sens que trop, j'aurai tâché de m'étourdir dans le doute, et dans cet état négatif aurai-je trouvé le repos ? non ! Dans la solitude, je serai triste ; au milieu des plaisirs, je ne saurai point les goûter. L'idée de la conscience, l'importune idée de la mort m'assiégera sans cesse ; elle me poursuivra dans les voluptés ; au milieu d'une mélodie ravissante, je croirai entendre des soupirs qui viennent des tombeaux. Avec moi, à mes côtés, un spectre viendra s'asseoir à la table des festins. La fête sera troublée, comme celle de ce roi impie qui de sa couche de pourpre, entouré des beautés de l'Asie, vit sur le mur une mystérieuse main lui tracer son arrêt. Dans le silence des nuits, livré à mes seules réflexions, une horreur secrète me poursuit et m'épouvante. M'expliqueras-tu, Caritéas, cette puissance de reproche que je porte au-dedans de moi, ce juge secret et inflexible dont je ne puis me délivrer ?

Prends pitié de mon sort, ô mon père. Dis-moi si ces grands mots d'honneur, d'héroïsme, de vertu, d'immortalité, de providence, sont des rêves de notre ignorance, des fantômes impuissans et vains créés par la crainte et l'imagination, ou si ces mots imposans répondent à des idées positives, rationnelles, sublimes, fertiles en grandes consolations, en fortes pensées, et dignes des respects et des hommages de la terre.

Et comment puis-je t'indiquer, mon père, tout ce que je voudrais savoir. Mes doutes sont immenses. D'abord, je suis frappé de l'incertitude des opinions. Nos idées changent avec nos climats et les zones. La vertu est une monnaie de convention. En Afrique, ainsi que l'idée du beau, l'idée de la vertu est toute différente qu'en Europe. Les devoirs changent, si on les applique aux riches corrompus de nos villes d'Europe, ou aux sauvages de la mer du Sud, à l'Arabe indompté, brigand des déserts. Au sein des sociétés modernes, quelle divergence d'opinion ! Chacune d'elle devient une arme sans cesse occupée par de nouveaux combats ? Comment fixer nos opinions dans ce vaste chaos ? Comment croire que la vérité soit inaltérable parmi cette foule de dissidences ? comment la trouver ? à quoi la reconnaître ? Les sciences paraissent plus certaines ; leurs caractères sont plus nets, mais leurs principes mêmes, leurs axiomes sont obscurs, puisque toute définition en est impossible. De plus, elles se compliquent toujours des notions de *temps*, *d'espace*, *de matière*, dont jamais nous ne parviendrons à connaître l'essence, ni à raisonner sûrement. D'un autre côté, elles nous mènent à des résultats incompréhensibles. Une foule de phénomènes naturels surpassent toutes les facultés de notre esprit. Nous les admettons, seulement comme des faits. De la vaste chaîne des êtres, quelques anneaux nous sont visibles; même dans les sciences, cette série de vérités que nous possédons, est placée entre des axiomes inexplicables, et entre des phénomènes que nous ne pouvons comprendre; des abîmes sont placés aux deux extrémités de la route, et ils attendent celui qui est assez téméraire pour s'y engager.

Mais accordons aux sciences physiques le sceptre de la vérité. Pour cela, descend-elle jusqu'aux lois morales? Admirons, j'y consens, le vaste univers, et l'équilibre des mondes, et ces soleils semés dans l'étendue comme de la poussière, mais il faut bien arriver aux lois morales. L'homme aurait-il le droit de passer sa vie dans une oisive et inutile admiration? L'âme qui s'égare dans les cieux habite la terre et doit s'y exercer. Mais alors l'ordre moral tout entier se présente à nous avec ses aberrations, ses désordres, ses exceptions, ses troubles, ses malheurs; que la vertu qui gémit est belle! mais qu'elle est attendrissante et triste! O toi, Caton! noble et inflexible patriote, pourquoi vas-tu ravir au monde le secours de ta grande âme. Un jour la liberté triomphera…. mais déjà le sang du sage a rougi la terre. Ecoute, ô Caritéas, les gémissements de l'histoire, les plaintes de la liberté, non moins vives que ces cris si variés de détresse et de douleur qui frappèrent notre poète à l'entrée des enfers. Quel tableau ! que de misères ! comment croire au sens moral ? Où sont les mérites de la vertu ? Où la trouver ? Je vois des tyrans et des esclaves, mais où sont les hommes ? Race vile et cruelle, de nos jours ce n'est pas sur toi qu'il faut pleurer, tu as perdu le droit de te plaindre, ton état est ton ouvrage. Mais tes excès, ta servitude, ont calomnié enfin l'âme humaine ? Les principes eux-mêmes ont souffert de ton avilissement, tu as flétri l'idée de la liberté et de la vertu : tu as rendu presque ridicule le dévoûment sublime des grands patriotes, et de la poussière où tu t'es plongée, se sont élevés quelques nuages pour ternir leurs statues.

Et que m'apprendront encore les systèmes de philosophie ? Comment faire jaillir la vérité de toutes ces contradictions. Si la vérité existe, il est étrange qu'on ne l'ait pas encore définie. Qui prononcera entre Aristote et Platon entre la théorie de l'esprit et celle de l'imagination ? Comment se rendre compte d'une foule d'importantes questions ? Comment savoir de quoi se compose la mémoire, l'abstraction, l'imagination, le jugement ? Comment sonder les mystères de l'idéal, du sublime, de la poésie? Comment concevoir la théorie de la littérature, de l'harmonie, qui répand tant de charme dans le cœur qui sait la sentir? Comment peut-on assister aux inspirations du peintre, et saisir l'instant où ses couleurs, confusément jetées sur la palette, revêtent une toile des formes du sublime ou du beau? Qui nous dira comment le musicien accorde cette lyre, si puissante, si variée, qui commande à l'âme humaine des impressions, et l'âme humaine obéit? Par quelle puissance le sculpteur sait-il donner au marbre les formes de son imagination, changer un bloc informe en une nymphe, en un héros, et transmettre à la postérité *un airain qui respire,* comme dit Virgile? Comment surprendre les secrets de la poésie, analyser les règles de la composition, et en quelque sorte soumettre à de froides analyses le feu sacré du génie? Comment fouiller dans notre âme, et lire dans notre esprit tous les grands mystères de la mémoire, de la conscience? Comment suivre dans leur essor les élans hardis de notre imagination, et rendre compte à l'âme humaine de tout ce qu'elle éprouve? Car, mon père, la philosophie doit faire toutes ces choses. C'est là sa mission; il faut qu'elle la remplisse ou qu'elle s'avoue impuissante. La victoire est aussi belle que la carrière est vaste, et le prix éloigné.

Bien des choses encore doivent être éclaircies par la philosophie, et l'âme humaine ressemble

à ce globe , dont une bien petite partie est défri-
chée , et le reste est un désert. Si je suis encore
dans cet état désolant , ne crois point , mon père ,
que je n'aie rien fait pour y mettre un terme. Dans
ma jeunesse , j'ai feuilleté les écrits de Platon ,
et je me suis pénétré de ces doctrines célèbres.
J'éprouvais quelque gloire à contempler ce grand
homme restauré par un compatriote ; et la philosophie de Ficin , qui avait reproduit les idées du
maître de Socrate, haute et sublime comme elles,
me paraissait comme un de ces chefs-d'œuvres antiques rendus à la lumière. Mais combien peu ces
séduisantes illusions ont duré! Les grandes idées
du vrai , du juste et du beau , cette souveraineté
de la raison, n'existait nulle part pour moi. Mes
opinions et mon expérience formaient le plus douloureux contraste. Celui qui, traversant les hautes
cîmes des Alpes , découvre qu'un sentier ver-
doyant et fleuri aboutit à des précipices , n'est pas
plus effrayé que je le fus de me voir conduit par
ma théorie à des abîmes. Qu'il est pénible pour
une âme naïve , ce réveil fatal ! Qui peut dépeindre
les angoisses d'un jeune homme qui voit toutes
ses convictions s'évanouir, et qui ne peut se résoudre à croire? Qu'il est douloureux de chercher en
vain parmi les hommes le type de ces grands principes, admiration constante de notre jeunesse,et de
ne plus les voir que comme des génies célestes, qui
descendent bien rarement chez les mortels ! Et
sous quel triste aspect la société , où le sort m'avait

jeté, s'offrait à moi ! Je voyais partout un mépris ouvertement exprimé pour ce qui est juste et honnête ; quelques hommes supérieurs se retirant de la foule pour la mépriser ; une indifférence absolue pour les grandes idées ; un insatiable goût pour de frivoles plaisirs. J'ai vu dans ma ville natale la religion servir de masque aux plus odieux déréglemens, l'amitié méprisée, la foi incertaine, le serment violé, la fidélité méconnue, la bassesse applaudie, l'indépendance foulée par l'orgueil, la considération refusée à la vertu et prodiguée à la fortune, la jalousie immolant les victimes que lui désigne la trahison ; et au - dessus de tout ce désordre on fait planer je ne sais quel fantôme de vertu, misérable débris des temps féodaux, qui n'empêche point les hommes de vendre leurs services au plus offrant, de trafiquer de leur conscience, d'acheter des places au prix de mille bassesses, mais qui, leur permettant aussi de s'assassiner pour un geste, un regard, un caprice, d'immoler sans crainte le malheureux dont ils ont séduit la jeune épouse, a été nommé *l'honneur*. Qu'ai-je vu chez les femmes ? les devoirs les plus doux et les plus sacrés sacrifiés au désir insatiable de plaire, une frivolité inouïe se mêlant à toutes leurs conversations ; souvent, chez elles, tous les vices affichant un scandaleux succès, et les grands hommes du jour prostituant aux pieds d'une courtisane une existence que réclamaient et leurs familles et la patrie.

J'ai tout fait pour bannir toutes ces tristes idées; m'abandonnant à mon goût pour les arts, que de fois me suis-je arrêté dans ces longues galeries où le temps semble respecter le génie de notre plus grand peintre! Que de fois j'ai admiré les marbres de Florence, les ruines de Rome, la solitude des tombeaux appiens, et cette ville tout entière conservée sous un volcan! Souvent je me suis abandonné à l'impression majestueuse que produisent nos cérémonies et le culte poétique de la magnifique enceinte de Saint-Pierre; j'ai avidement écouté l'harmonie divine de nos cantiques, m'abandonnant aux émotions de cette mélodie qui semble descendre des cieux. Souvent aussi j'ai parcouru les sombres conceptions du poète de l'Enfer, qui peupla les régions infernales, la terre et les cieux, des sombres produits de son imagination, et aussi les chants plus gracieux de celui qui a chanté les chevaliers chrétiens. Ma vie s'est écoulée ainsi dans les distractions. Je me suis fait initier dans les grandes théories des sciences; j'ai médité cette opinion célèbre qui exposa l'astronome de Pise aux fureurs de l'inquisition, et armé de son instrument j'ai suivi la comète fuyant dans son orbite. Aux leçons de Volta, j'ai vu les effets de ce fluide merveilleux, terrible comme la foudre, rapide comme la pensée, qui anime toute la nature, peut-être. Surtout, ô Caritéas, j'ai admiré les sites de mon pays, les vues de notre Italie. Je n'ai pas été me perdre

dans de longues dissertations ; je n'ai point con
templé dans mon pays uniquement les restes antiques. Souvent, peu curieux de déchiffrer les
caractères inscrits sur un marbre, renonçant aux
doctes hésitations de la science, j'ai lu dans le
livre de la nature, plus clair et plus beau. Les
sites de Naples, les bois des Abruzzes, les hautes
collines de Florence, ont offert leurs richesses
à mes crayons. Les vagues bleuâtres de l'Adria
m'ont offert leurs effets magiques à Venise, naguère reine des eaux, maintenant déchue et esclave. Souvent, entraîné par une brise rapide et
enivré des plus douces illusions, écoutant les
vers du Tasse et les sons de la guitare, j'ai dit au
gondolier de ralentir sa marche, voyant fuir si
vite les momens où je faisais mille sermens de
foi, de bonheur et d'amour. — De tout ceci,
il ne me reste rien. Tout s'est évanoui, excepté
les regrets. Ma vie se consume, et je n'ai pas vécu.
Quel est mon devoir aujourd'hui ? Après avoir
entendu tes conseils, je vais m'exiler dans une
terre lointaine. J'hésite entre la patrie de Washington, sol jeune et libre, foulé par des hommes
qui ont beaucoup fait et qui feront plus encore,
et cette terre classique et vénérée où les lumières et les arts firent si long-temps leur séjour.
J'ai appris que bientôt le monde verrait un spectacle nouveau.

On dit qu'un désir brûlant de liberté s'est
élevé sur cette terre, et que les restes du temple

de la liberté vont reparaître au jour. On dit qu'en Grèce les cendres des héros se raniment, on dit que même les femmes de la Grèce marcheront au combat, et qu'une race mâle et libre va briser le joug de la barbarie. J'ai voulu partir ; je pars, ô mon père ! bénis ma résolution, que le Dieu que tu sers veille sur moi ; qu'il conduise l'épée de la bonne cause ; qu'il répande les ténèbres sur les ennemis de son nom, et de ses lois, et de la liberté. Je ne laisse ici aucun ami, aucun être qui s'informe de mon sort. Le foyer de mes pères est habité par l'étranger. Avec moi, ma race va finir ; mais au moins je m'attacherai peut-être ceux que j'aurai servis. Oui, aux pieds d'une jeune Athénienne, j'irai renouveler le serment de mourir pour son pays, et peut-être son tendre cœur sera ému aux nouvelles de mon destin, peut-être quelque tristesse voilera ses yeux quand j'aurai succombé dans la bonne cause, quand au moins une mort glorieuse aura terminé mon inutile vie. »

Le vieux Caritéas avait écouté le jeune étranger en silence ; les dernières paroles produisirent sur lui une émotion qu'il ne put cacher. Tout à coup, un éclair, un dernier éclair jaillit de ses yeux éteints. Par un mouvement involontaire, et oubliant sa vieillesse, il étendit le bras vers ces armes chrétiennes qui brillaient en trophée sur sa tête ; mais sa main languissante retombe et saisit aussitôt la croix d'or qui est suspendue sur sa poitrine; il l'éleva du côté de l'orient. Rienzi comprit ce mouvement, mais il n'osa interroger le vieillard, qui promit de lui raconter tout ce qu'il savait en philosophie. Son air de bonté, sa physionomie douce et fière disposait le jeune homme à l'écouter. Par sa fermeté et son calme, l'esprit de Caritéas lui semblait fait pour repousser les sophismes du doute, et en même temps l'âme du vieillard paraissait s'éclairer dans les derniers jours de sa vie, et se présentait vaguement à l'imagination poétique du jeune Rienzi comme un des rochers qu'il avait dessinés à la baie d'Isola, qui brave l'effort des vagues et des tempêtes, et dont la cime se dore d'une vive lumière au moment où le jour va finir.

II.

« Tu m'exprimes tes doutes avec tant de bonne
foi, mon fils, que je voudrais qu'il me fût donné
de les guérir. Tu sais que c'est pour moi un plaisir et un devoir d'essayer de donner à ton âme
naïve encore les fortes convictions dont la mienne
est remplie ; car la philosophie est indépendante
des temps et des positions ; elle gouverne tous
les faits et tous les âges. Eh bien ! mon fils, j'y
consens : méditons ces questions immenses, digne
sujet des pensées de l'homme. Loin des distractions du monde et du tumulte des cités, concen-
trons nos pensées en nous-mêmes. La plus vaste
étendue s'ouvre à nos regards. Nous sommes à
l'entrée d'une avenue infinie. Nous sommes en
présence de toutes ces antiques questions que la
curiosité humaine interroge depuis tant de siècles. Examinons à la fois la nature et ses produits,
notre âme et ses effets, les arts et leurs plaisirs,
la vertu et ses lois. Une soif de savoir, une véritable ardeur de connaître nous pousse, malgré
nous, à sonder toutes ces choses, et il faut bien
que quelque chose nous y entraîne ; sans cela,
oserions-nous jamais examiner des théories si peu

éclaircies encore ? pourrions-nous espérer de jeter quelque lueur dans ces abîmes où tant d'hommes se sont arrêtés avec respect ?

Mon fils, nous apporterons à cet examen, à
défaut de lumières, de la sincérité, à défaut d'é-
loquence, de la franchise. Peut-être nous n'aurons
pas le bonheur de voir le temple de la vérité s'ouvrir devant nous ; mais au moins nous approche-
rons de ses sacrés portiques, revêtus de la robe
blanche des initiés, symbole de pureté et de constance. Nous serons soutenus par la conviction de
la puissance de la pensée, si, d'un autre côté, nous
sommes effrayés du nombre des questions obscures. Il faudra tâcher, pour ainsi dire, de sortir
de ce monde pour le contempler de plus haut, et
essayer, comme Platon le recommande, de nous
affranchir des liens terrestres. Puisse l'étude de
ce qui est vrai, l'amour de ce qui est bon,
l'admiration de ce qui est beau, inspirer nos paroles et guider notre marche dans la nuit. Sans
doute nous allons témérairement affronter plus
d'une question difficile, et nous engager dans plus
d'un sentier sans issue à nos yeux ; sans doute,
du sein des mers inconnues où nous allons descendre, plus d'une tempête peut sortir ; puissions-nous, mon fils, comme des navigateurs
heureux, franchir tous les écueils ; et, remplis de
connaissances nouvelles, améliorés par de nobles
idées, puissions-nous revenir mieux fortifiés
contre tout ce que le monde a de vain et d'é-

goïste, et mieux disposés à accomplir notre tâche sur la terre sacrée de la patrie!

Maintenant, mon fils, te sens-tu la force de me suivre dans cette recherche ardue et difficile? Avant de l'entreprendre, il faut savoir faire violence aux idées habituelles, et surtout il ne faut pas juger une seule partie de la théorie, mais attendre qu'elle soit complète. Allons-nous saisir des secrets qui sont restés rebelles à tant d'autres avant nous? Mon fils, je n'en sais rien; mais alors même que nous nous trompons, l'entreprise est toujours honorable, et l'exemple n'en sera point perdu. Dans cette longue méditation, consacrée à rechercher les lois de la vérité, de la beauté et de la justice, si nous ne réussissons pas à les découvrir, au moins nous n'aurons ébranlé aucune de ces constantes certitudes que l'espèce humaine regarde comme les rochers de son salut. Nous nous rappellerons que souvent à une idée philosophique, ou à une idée religieuse, est attaché le bonheur d'un individu faible, obscur, et qui pleure sans consolation; nous craindrons de déchirer davantage ces âmes délicates et tendres qui croient à force de souffrir. Non, jamais nous ne détournerons rien de ces trésors d'espérance que DIEU a mis en réserve pour consoler les pauvres et les malheureux.

Le devoir de l'homme est d'arriver, s'il peut, à un système de philosophie complet. Chacun de nous est intéressé à résoudre ces problèmes:

D'où suis-je venu? que suis-je? que dois-je faire? où vais-je aller? voilà des questions que jamais on ne nous empêchera de vouloir résoudre. En d'autres termes, quels sont notre origine, nos droits, nos devoirs, notre avenir? Ainsi je ne consumerai pas de paroles pour démontrer la légitimité de la philosophie, et pour motiver l'examen que nous en voulons faire. A la question, Pourquoi êtes-vous philosophe? je n'opposerai qu'une réponse : parce que je suis homme, parce que rien de ce qui intéresse l'homme ne peut m'être étranger. Le scepticisme même, que nous aurons plus d'une occasion de discuter, est ici impuissant. Jamais il ne pourra raisonner contre ma conscience intime, que pour le moment nous considérons comme un fait; jamais il ne pourra me démontrer que je ne m'intéresse pas à ces questions; il est évident que j'ai le droit de m'en occuper, moi et tous les hommes qui attachent quelque prix à se rendre compte de ce que c'est que la vérité, la vertu, le beau, le sublime, l'harmonie, et tous les autres grands sujets.

J'admets donc, en premier lieu, la LÉGITIMITÉ DE LA PHILOSOPHIE.

Mais qu'est-ce que cette science si vaste, si utile ? Comment définir ce que les anciens ont appelé la science de toutes choses? Ici, mon fils, je préviens tes demandes. Nous ne définirons cette grande science que lorsque nous l'aurons examinée. Jusqu'à plus ample informé, nous prenons l'homme comme un être entouré de phénomènes, susceptible d'impressions, et capable de bien, de mal, de tristesse, de joie, d'admiration et de remords, et nous allons examiner les rapports de ce fait avec l'univers. La définition de la philosophie ne pourra résulter que de la connaissance de ses lois et de son étendue. Nous avons besoin pour y arriver d'embrasser toutes les parties de notre sujet; et quand nous aurons parcouru la plaine et gravi la montagne, alors du sommet nous pourrons essayer de donner une vue générale de la science et de saisir son vaste champ.

Avant de nous mettre en contact avec le monde extérieur, de démontrer qu'il en existe un, d'examiner les règles de notre intelligence et les droits de son règne sur tout ce qui n'est pas elle, nous devons porter notre attention, mon fils, sur ce genre de pouvoir par lequel nous communiquons avec l'univers. Nous devons étudier ce qui nous permet de recevoir tant de sensations, qui nous assaillent de tous côtés sans que nous les appelions. Il faut expliquer comment nous pouvons ressentir les faits si variés et si étranges de la vision, la lumière du soleil, l'éclat de la verdure; il faut voir comment le toucher nous révèle les formes inconnues des corps; comment le goût nous procure des impressions si diverses; comment l'ouïe et l'odorat nous affectent délicieusement, lorsque le jour levant frappe de ses premiers rayons les masses des forêts, qui transmettent jusqu'à nous les bruits les plus harmonieux avec les plus doux parfums. Surtout, mon fils, comment possédons-nous ce pouvoir merveilleux, image de l'infini, par lequel nous jugeons de la petitesse des animalcules qui peuplent une goutte d'eau, et par lequel aussi nous recevons les rayons de Sirius, ou d'une nébuleuse plus reculée encore que lui. Tout ceci mérite bien d'être médité. Mais il faut apprendre à s'occuper de cette recherche, sans que l'imagination nous emporte et nous égare. Car sa poétique puissance, comme ces nymphes mélodieuses et perfides auxquelles Ulysse résista, essaie d'entraîner le philosophe loin des purs sentiers du vrai.

Afin de résoudre la question autant qu'elle peut l'être, nous devons nous représenter un homme prenant en considération ses sensations et les examinant; nous devons nous le dépeindre tel que cet être pur de toute impression quelconque, cet Adam, que le poète du paradis place dans une riante vallée, sous un abri de fleurs, et se réveillant pour prendre possession de l'univers. Nous allons nous le figurer recevant des impressions successives, de pures et simples sensations, et nous devons faire abstraction ici de sa manière de les apprécier, de les comparer et de les juger.

Mon fils, l'une des plus grandes difficultés de la philosophie, c'est de séparer nettement les phénomènes si compliqués de notre âme. La sensation, le jugement, la mémoire, la morale, le sublime, la poésie, voilà des choses bien différentes qui découlent peut-être d'un très-petit nombre de principes. Pénétrés de cette idée, nous allons isoler tout un système de faits; nous allons faire une coupe importante. Pour cela, il faut se prêter à une illusion qui éclaircira les phénomènes, et qui de plus aura l'immense avantage de bien laisser voir le fait premier et capital de la sensibilité, ou l'action de *sentir*, et la raison, ou l'action de *penser*. Cette concession d'un instant va sur-le-champ résoudre une question très-importante.

Plusieurs philosophes ont supposé un homme qui n'ait rien senti, une statue, pour ensuite animer le marbre, et lui accorder les divers sens et des sensations. Mon fils, nous irons plus loin. Imaginons un être doué de toutes les puissances que nous connaissions, mais refusons-lui totalement la raison. Créons un être purement sensitif, et comme son intelligence sera tout-à-fait absente, mettons même chez lui le pouvoir de sentir, d'autant plus que sa pensée sera plus complétement éteinte. Voyons alors quelle sera cette espèce de création; voyons quel sera cet être nouveau, introduit dans le monde.

D'abord, demandons-nous ce qu'est une sensation ? Comme tous les faits simples, celui-ci est indéfinissable. Pour le définir, il faut le décrire. L'œil d'un homme bien constitué reçoit d'un corps quelconque une chose, une matière, un mouvement, peu importe, que nous appelons un *rayon bleu;* ce rayon se comporte en traversant les humeurs de l'œil d'une certaine manière que la physique détermine, et produit sur une certaine partie de l'œil un effet auquel en nous correspond ce que nous appelons *sensation du bleu.* Cette pure et simple modification de notre être, modification qui consiste en ce que celui qui ne reçoit pas *un rayon bleu* n'est pas dans les mêmes conditions que celui qui reçoit ce rayon; cette différence entre leurs états s'appelle une sensation. Cette sensation est en nous, en notre âme. Ce qui la produit, ce qui la fait naître, n'est pas elle. La sensation est un fait éminemment simple. Le son d'une note, le parfum d'une rose, produisent des sensations qui peuvent être multiples, quant à leur origine, c'est-à-dire que l'on peut bien distinguer plusieurs sons distincts dans une note, et plusieurs odeurs dans une fleur; mais la sensation définitive reste simple et élémentaire.

Maintenant, mon fils, exposons cet homme purement sensitif à l'action de l'univers extérieur. Ouvrons à sa pure sensibilité la vue de la nature, les trésors de la mélodie, les variétés du goût, les délicatesses du tact. Que va-t-il arriver? Il arrivera que cet homme, possédant la plénitude de ses sens, va *voir, entendre, toucher* et *goûter* l'univers; mais il ne subira ces diverses choses que pendant l'instant même des sensations. Hors de cet instant, tout sera nul pour lui. Un son va frapper son oreille, il sera modifié par ce son, il entendra : mais une fois le son ayant cessé, sa sensibilité rentrera dans son repos. Tant que le rayon frappera ses yeux, ou les odeurs ses narrines, il verra, il odérera; mais le rayon disparu, et les odeurs évaporées, ses sensations cessent, il redevient nul vis-à-vis de l'univers. Il est précisément dans la position d'une créature qu'on suspend sous les flots d'une cascade, et qui serait douée de l'unique pouvoir de sentir que l'eau se précipite sur elle; une fois qu'on l'a ravie à leur choc, elle n'éprouve plus rien, et l'effet a complétement cessé avec la cause. De même l'homme sensitif : l'univers extérieur se précipite sur lui, l'inonde, sous forme de sensations; il ne les sent que pendant leur action; qu'elles cessent, tout rentre pour lui dans une nuit éternelle.

Et remarquons bien ici, mon fils, qu'en accordant à cet homme *le pouvoir de sentir*, nous lui avons complétement refusé la raison. Il reçoit un rayon bleu, il en est modifié, il sent bleu; puis après, il reçoit un rayon rouge, il a le sentiment du rouge, mais déjà, quand il a reçu le second, il a complétement oublié ou, pour mieux dire, perdu le premier. Comment aurait-il pu s'en souvenir? Il n'a pas de raison, donc il n'a aucune mémoire. Aurait-il pu comparer ces deux sensations entre elles ? Pas davantage. Il n'a pas de raison, donc il n'a pas de jugement. Aurait-il pu isoler les deux parties de la sensation, et fixer son attention de préférence plutôt sur l'une que sur l'autre ? Il ne le pourrait pas davantage ; il n'a pas de raison, donc il n'a pas la faculté d'abstraire. Pourrait-il examiner de plus près ses sensations, et les forcer à devenir plus nettes en les méditant ? Non encore : il n'a pas de raison, donc il ne peut réfléchir. Ainsi, mon fils, à quel singulier état cet être est réduit. Il est accablé de sensations, et il ne peut ni les juger, ni les abstraire, ni les comparer, ni s'en ressouvenir. Il est en butte aux traits de l'univers entier, aux sensations utiles, nuisibles, indifférentes, délicieuses, pénibles, et il sera pour toujours le muet et aveugle esclave de tout cela.

Et cependant ce ne serait pas briser sa chaîne, que de lui concéder un pouvoir sensitif très-grand et très-délicat; ce serait pour lui du superflu, car il n'a pas la raison. Ses sensations doivent mourir quand elles cessent. Sa vie, c'est la sensation; hors d'elle, il ne vit plus. Sans doute il pourra recevoir des impressions de corps durs, de perspective et de divers plans lumineux; mais il ne peut juger, ni acquérir aucune idée de distance. Il reçoit des impressions; il sent de beaucoup de manières, mais rien ne le porte à juger quelque chose hors de lui; il est à lui-même son univers, donc il n'a aucune notion d'espace. Il ne peut se rappeler la sensation qui finit pour la comparer à celle qui commence, donc il n'a aucune idée de temps; quant à la vertu, à la liberté, à la beauté, à l'harmonie, il ne peut avoir la plus légère idée de tout ceci : la raison lui manque, et toutes les grandes idées avec elle. Entre autres, la conception du devoir lui sera totalement étrangère.

Si plusieurs sensations lui sont envoyées à la fois, il les sent ensemble et ne les sépare point. Il ne peut ni appeler les sensations, ni les éviter; il ne peut ni les approuver, ni les craindre. Il éprouve des modifications qui existent aussi long-temps et pas plus que leur cause, la sensation même. Il ne peut donc ajouter à la sensation un autre fait, où entre incontestablement une intui-tion supérieure, de la mémoire et de la raison, l'idée de l'identité personnelle, l'idée du moi. L'être purement sensitif n'a que des sensations; il est à jamais incapable d'autre chose.

Voilà sans doute une existence bien isolée; voilà un point bien inutile dans la vaste série. Mais ce n'est pas tout; il faut suivre l'analyse philosophique jusqu'à la conséquence extrême où elle peut nous conduire. Si cet être ainsi doué éprouve du plaisir, il ne peut le rappeler; s'il éprouve une douleur, il ne peut la fuir; car il n'a ni moi, ni volonté, ni raison. Donc il ne fera aucune différence entre cette foule de sensa-tions qui sont à peu près semblables. Il confondra

tout, hors la douleur et le bien-être; en un mot,
et dans le sens le plus absolu, il subira l'univers.

Tel serait, mon fils, l'homme purement sensitif. Un tel être, ne pouvant satisfaire à aucun
des besoins de son organisation, victime des élémens auxquels il ne peut se soustraire, ne tarde-
rait pas de périr; mais s'il pouvait vivre, on se
figure son apparence. La figure humaine, ordinairement si active, si animée, chez lui serait
glacée et morne; de ses yeux fixes et ternes, que
la seule lumière pourrait animer, sortiraient les
regards d'un mort.

Ses gestes seraient tous convulsifs, et ne pa-
raîtraient avoir aucun but. Il aurait la faculté de
se mouvoir; l'action nerveuse pourrait animer
ses muscles, mais tous ses mouvemens seraient
des faits isolés, sans la moindre liaison avec ce
qui l'entoure. Il est probable qu'il serait plongé
dans un parfait repos; il serait l'image du sommeil. Ce serait pour ainsi dire un cadavre sen-
tant; ce serait un phénomène inutile; une masse
dont l'organisation offrirait un parfait contraste
avec sa nullité; ce serait un être entièrement isolé
dans la vaste nature; il ressemblerait à ces corps
livides où la superstition s'imagine qu'un noir
génie est entré, et sans doute un tel être, image
de la désolation, ne possédant que sa seule sensibilité, serait pour tous d'un aspect horrible, serait fui de toute créature vivante, et ne ferait
naître d'autre sentiment que le désir de rendre

aux tombeaux ce spectre qui aurait toute l'apparence d'en être sorti.

Tel est, mon fils, l'image de la pure et unique sensibilité. Tel est l'état où serait plongée une créature uniquement douée de ce pouvoir, et ce que nous avons dit de l'homme sensitif doit rester sans réplique, si l'on considère que nous lui avons accordé uniquement la faculté de sentir, et que nous lui avons impitoyablement retranché tout ce qui appartient à la raison. Ce sont les sensations seules que nous lui avons concédées, et limitant à cet unique pouvoir toute son activité, nous lui avons interdit d'aller plus loin ; nous avons dû lui refuser des idées, un moi, du jugement, de la mémoire, et toutes les puissances de l'âme humaine.

Et cependant, pour réduire l'homme si bas, que lui avons-nous ravi ? Quel changement avons-nous introduit dans sa nature, et de quels titres l'avons-nous dépouillé ? Mon fils, nous lui avons ravi la raison ; nous avons éteint chez lui tout ce qui donne de la dignité à notre être, du prix à notre vie, tout ce qui fait que les pensées, les sentimens, la morale, la liberté, les arts, sont des choses possibles. Il nous a suffi de le priver de cette seule force pour en faire une espèce de fantôme, hideux, inutile sur la terre : pour le mettre jusqu'au niveau de la matière, dont il ne diffère en effet que par le seul pouvoir de sentir. Une fois la raison évanouie, tout s'est ébranlé, tout a été erreur, confusion, ruine.

Maintenant que nous avons contemplé cet être déchu, dans tout le reste de nos entretiens, mon fils, nous allons recomposer l'homme que nous venons de détruire. Nous allons introduire des motifs dans ses actions, des lois dans sa conduite, de la dignité dans sa nature. Les règles du vrai vont s'offrir à lui. Nous allons le douer des forces de l'imagination, de la jouissance de la raison; nous allons lui faire apprécier le juste et le beau, et allumer quelque génie dans ce corps de poudre. C'est une création qui va jaillir de notre étude. Tout va se compléter et s'ennoblir. Nous avons pétri de nos mains un limon où les plus nobles traits de l'humanité sont empreints; mais ce n'est encore qu'un limon. Maintenant, comme le vieux Prométhée, il faut demander au ciel la flamme de l'intelligence.

Notre fiction cependant a un autre mérite et une autre utilité; elle fait voir d'une manière évidente ce que nous devons entendre par le pouvoir de sentir. Il me paraît consister uniquement en une puissance qui existe en nous, et qui nous permet d'être affecté par les corps extérieurs, et d'éprouver des sensations. J'appelle ce pouvoir LA SENSIBILITÉ, et c'est la première grande division qu'il faut établir dans les propriétés de notre être. De plus, je limite rigoureusement la sensibilité au pouvoir *d'éprouver des sensations*, et je nie qu'en l'examinant de près on puisse y trouver, outre la sensation pure, autre chose, tel que des idées, le moi, le jugement et les autres faits de l'âme humaine. J'admets qu'ils viennent après la sensation; j'admets qu'ils dépendent d'une source différente, et qu'ils sont régis par des lois essentiellement distinctes. Nous verrons en détail comment toutes ces choses se développent, et nous apprendrons à connaître dans l'âme les souverains, les juges appréciateurs de la sensation. Et il est si vrai que le simple pouvoir de recevoir des sensations, ou la *sensibilité*, est entièrement et radicalement distinct du pouvoir de réfléchir sur les sensations et de les juger, que non-seulement la sensibilité est différente de la raison, mais bien souvent elle lui est contraire, ennemie, opposée. C'est ce que nous prouverons de la manière la plus nette dans la théorie de la morale ou du mérite, où nous verrons la créature se débattre sans cesse entre ses passions ou les besoins de la sensibilité, et sa conscience, ou les lois de sa raison, et le mérite de la créature dépend de sa victoire. Ce sont deux principes non-seulement *divers*, mais *ennemis*, que nous portons en nous, et il est fort probable que de cette loi philosophique les peuples de l'orient aient tiré leur fiction des deux principes car la raison et les passions sont aussi opposées que lumière et les ténèbres.

Encore une réflexion, mon fils, pour mieux démontrer cette distinction qui me paraît fondamentale dans la théorie. Il faut d'abord être difficile dans les principes, afin ensuite de pouvoir marcher hardiment, et épuiser les conséquences. Si on réfléchit assidument à ce qui se passe en nous, quand nous recevons une *sensation*, celle d'un trait de lumière ou d'un son quelconque, on voit sur-le-champ que nous ne classons cette lumière, ou ce son, qu'en la jugeant, qu'en la comparant à d'autres lumières ou à d'autres sons. En d'autres termes, jamais l'âme ne s'en tient à la sensation pure. Elle intervient toujours pour apprécier cette sensation, soit en la jugeant elle-même, soit en la comparant avec d'autres. La raison fait bien plus que la sensibilité. La sensibilité reçoit et présente; la raison juge et apprécie. Quand j'entends un son grave ou aigu, quand je palpe un corps résistant ou mou, je rapproche ces impressions d'autres impressions analogues. Mais avant que je fixe ces sensations, en leur faisant subir une opération intellectuelle, ces sensations étaient parvenues, étaient perçues quelque part; or cette chose, cette force qui s'est contentée simplement de recevoir, d'admettre la sensation, je la nomme sensibilité. Son ministère se borne à recevoir, sans commentaire, sans réflexion, ce que l'univers lui présente. Elle enregistre, et voilà tout; c'est ensuite à la raison, infiniment plus puissante qu'elle, de juger tout ce que l'univers lui a confié.

Il est donc évident, mon fils, et c'est la première vérité qui résulte de nos recherches, que nous sommes dépositaires de deux espèces de pouvoirs totalement distincts, la sensibilité et la raison. Ces deux pouvoirs, divers dans leur action, divers dans leurs lois, divers peut-être dans leur essence, réalisent aussitôt dans l'âme deux séries de faits, qui tous portent à jamais l'empreinte de la dissemblance de leur source, et qui donnent lieu à mille phénomènes, divers comme les causes dont ils dérivent. Rien de semblable n'existe dans l'ordre physique. L'univers est un. Il est composé de corps et de mouvemens. Tous sont dans le temps et dans l'espace, tous sont assujettis à des caractères nécessaires et communs. Le monde est immense et sublime dans son ensemble ; mais une loi rigoureuse plane sur toutes ses parties et les enchaîne à jamais dans leur destinée matérielle. Sa magnificence, sa splendeur, son éclat proviennent de phénomènes physiques du même genre. L'âme humaine a d'autres priviléges : plusieurs univers sont en elle, et le champ où elle s'exerce est plus varié que la nature et plus vaste que l'étendue. »

Tel fut le premier discours du vieillard, et Rienzi avait prêté la plus grande attention. Il lui promit de nouveau de le suivre dans ses méditations philosophiques. Le lieu qu'ils avaient choisi était bien propre à cette grave discussion. Les marbres des philosophes anciens décoraient les murs du scriptorium del Ligurri. Tout un côté de la salle était occupé par des rayons vitrés couverts de manuscrits anciens , débris de la magnifique collection dont on s'était emparé pour la galerie du Vatican. Rienzi parcourait les feuilles d'un rouleau des Annales de Tacite, qui avait dormi pendant toute la durée du moyen âge dans la retraite del Ligurri. Il interrompit ses recherches pour aller jouir de la fraîcheur de la brise de la mer, qui s'élève vers la fin du jour, et ses regards s'animaient de joie en apercevant au-dessus des nuages, aux bornes de la vue , les dômes verdâtres des montagnes qu'il avait traversées. La lueur mourante du soleil dessinait mille accidens de lumière sur les murs et les ogives du monastère , et jetait une teinte de rose sur les flots tranquilles. Aucun bruit ne troublait le silence du crépuscule. L'air était calme et embaumé. La mer semblait reposer; la voûte immense du ciel, où mille astres brillaient, où l'on ne voyait ni nuages ni vapeurs, enveloppait majestueusement et les montagnes, et la mer, et les forêts, et semblait une immense solitude qui se déroule sans bornes. La vue de toute cette nature jette l'âme dans des pensées sérieuses : aussi tout semblait se réunir pour seconder les paroles du vieillard , et pour disposer le jeune étranger à entendre les leçons de la sagesse.

4

III.

« Pour disposer d'une connaissance indispensable à l'analyse des phénomènes généraux de l'intelligence, nous avons dû commencer par étudier la pure sensibilité. Nous avons été même jusqu'à refuser à l'être d'abstraction, qui ne possédait qu'elle seule, non seulement un jugement, mais la conscience même de son existence, le sentiment du moi. Est-ce à dire que l'homme peut sentir et ne saurait raisonner, et qu'inondé pour ainsi dire de tant de sensations diverses, il reste étranger à toutes, comme un arbre qui ne voit ni la lumière qui colore ses feuilles, ni l'orage qui agite ses branches ? L'homme est-il réduit à cette existence végétale ? Mon fils, faisons disparaître ce doute injurieux à sa dignité, et réfutons une calomnie que démentent et l'amour, et le dévoûment, et le génie.

Nous venons de reconnaître l'étendue et les limites de notre pouvoir de *sentir*; nous voyons clairement où nous en serions si notre nature était confinée à ce pouvoir seul. Étudions maintenant ce qui, dans les procédés de l'âme humaine, vient s'ajouter à la sensation, c'est-à-dire abordons la théorie des idées et de ce qui fait qu'elles sont possibles.

J'admets d'abord, avec tout le genre humain, que l'être qui reçoit une pure sensation, éprouve évidemment *quelque chose*. S'il n'éprouvait rien, la sensation même n'existerait pas; tout se réduirait à rien. De l'existence de la sensation pure, on doit conclure qu'il existe *quelque chose,* et rien de plus. On n'a pas le droit de conclure que l'être existe, en tant qu'être individuel, possédant un *moi,* une existence indépendante. La conscience de l'existence ne s'acquiert que par les *idées,* les sensations pures n'étant, comme nous l'avons prouvé, rien que des faits épars, sans lien, sans loi, sans déduction aucune; il faut donc nous livrer maintenant au difficile et fondamental examen de la différence qui existe entre les *sensations* et les *idées.* Il faut que nous reconnaissions en quoi diffèrent le parfum de la violette, et l'idée que ce parfum nous laisse; la sensation d'un rayon vert ou bleu, et l'idée même du vert et du bleu; le son d'une note qui atteint notre oreille, et l'idée, quelquefois si vague, que cette note dépose en nous.

Si à force de méditations sur nous-même nous parvenons à voir ce qui distingue les sensations des idées, dès-lors nous saurons fixer les lois de l'univers des sensations, et les lois de l'univers des idées; nous pourrons apprécier la dignité respective de ces deux univers, et nous pourrons voir quelles sont les puissances réelles de notre âme et leurs titres de souveraineté.

Quel que soit le sens qui nous transmette une sensation, de quelque part qu'elle nous arrive, elle apporte toujours avec elle deux caractères constans, dont aucune sensation n'est dépouillée. Toute sensation dure un certain *temps*, et toute sensation réveille en nous la connaissance involontaire qu'elle est excitée hors de nous, qu'elle vient de quelque part. En un mot, de même que toute sensation laisse en notre esprit trace d'un certain temps, toute sensation entraîne encore avec soi la conception d'un certain *espace*; l'idée d'un objet qui envoie la sensation est indissoluble- ment attachée au fait de la sensation même. Sur- tout il est essentiel de remarquer qu'il ne s'agit ici que de la sensation pure, de la sensation tant qu'elle dure : dès qu'il s'agit d'une sensation dont on se resouvient, d'une sensation que l'esprit fixe par un acte quelconque, alors il n'est plus question de sensibilité, mais de raison. C'est la sensation seule, comme sensation, qui paraît en- traîner toujours les notions du temps et de l'es- pace.

Toute sensation produit sur nous un effet, qui toujours nous paraît durer un temps donné. De même que je respire un parfum, que j'entends un son mélodieux, que je vois un paysage, que je goûte une saveur quelconque, précisément comme lorsque je rencontre un corps dur, tout ceci est

accompagné d'un sentiment d'extérieur : la no
tion d'*espace* m'arrive de toutes ces sources différentes.

La chose est évidente pour le choc d'un corps;
alors évidemment je conclus l'existence de quelque chose dans un espace extérieur à moi, hors
de moi. Mais je dis qu'elle ne l'est pas moins
pour toutes les autres sensations. Une créature
sensitive reçoit, dans un organe approprié, un
rayon blanc; l'organe est impressionné, et il en
résulte *la sensation du blanc*. Si la créature ne possède que la seule sensibilité, elle sera impuissante
pour venir ajouter la moindre chose à sa pure
sensation du blanc. Par sa nature même, elle y
restera confinée à jamais. Elle verra blanc, et
voilà tout, pour toujours.

Mais si la créature a, de plus que la sensibilité,
une raison (que nous n'avons pas établie ni définie encore), dès-lors il lui sera possible, avec ce
nouveau moyen, d'atteindre plus loin et plus
haut, de considérer la sensation, et de déterminer ses caractères. Déjà nous entrevoyons comme
dans un lointain les fonctions de cette puissance
que nous n'avons pas reconnue. En vain l'univers, réunissant ses actions les plus énergiques,
accablera-t-il la créature de sensations inouïes;
la raison, siégeant sur un trône plus haut que
l'univers, pourra peut-être contrôler cette foule
de sensations diverses, et y introduire quelque
ordre en leur imprimant un de ses caractères éter-

nels. Les sensations, sans lien, sans mesure, sans loi, vont être rangées ici par une puissance supérieure : c'est comme l'esprit de Dieu, soufflant sur le chaos.

En examinant donc avec notre raison, dont on doit m'accorder pour un instant la légitimité, toute sensation, on découvre que toutes apportent avec elles l'idée de temps et l'idée d'espace. Je veux dire qu'il nous est absolument impossible de recevoir aucune sensation, sans que cette sensation pour nous dure un certain temps, et nous paraisse venir d'un certain lieu. Il y a plus ; si, par un effort d'esprit qui ne doit fatiguer aucun philosophe, nous tâchons le plus qu'il nous sera possible d'envisager ce que c'est que la sensation en elle-même, nous verrons que toujours apportant avec elle ces deux qualités de temps et d'espace, elle paraît pour ainsi dire habiter dans ces deux choses, et y être enfermée.

Un fait, mon fils, qui me semble ne pouvoir être contesté, c'est que toute sensation, lorsque nous y réfléchissons, en tant qu'elle est pure sensation, nous paraît non point exister dans le temps et l'espace, c'est-à-dire être elle-même *étendue* et *durante*, mais nous paraît apporter avec elle le sentiment de ces deux choses. Les idées se conduisent tout autrement. Tandis que la sensation pure d'une odeur, d'un rayon, nous paraît toujours exister pendant un certain temps et provenir d'un certain lieu en dehors de nous, l'idée de ces mêmes choses, envisagée à son tour comme pure idée, refuse de se montrer le moins du monde revêtue des caractères d'espace et de temps.

Ainsi la théorie nous apprend que toute sensation est liée au sentiment du temps et de l'espace: mais pour découvrir ces conditions qui régissent la sensation elle-même, il nous fallait un appréciateur, un flambeau, une raison. Sans cela, sachant les sensations seules, notre science se fût bornée à elles. Mais nous avons étudié la sensation, nous l'avons examinée, nous l'avons caractérisée : donc, nous avons en nous autre chose que la sensation ; donc, nous possédons un pouvoir de qui nous tenons cette juridiction que nous avons exercée sur notre sensibilité même. Cette condition curieuse que la sensibilité possède, de recevoir des sensations qui amènent avec elles les notions de temps et d'espace, la sensibilité qui l'éprouve cependant à chaque moment, était tout-à-fait incompétente pour la trouver : déposé en son sein, ce fait, comme tous les autres, eût péri faute de moyens de se développer. C'est confier un germe à des sables improductifs ; la raison seule a pu le faire éclore et nous le révéler.

Nous admettons ainsi, mon fils, pour point de départ, et comme premier résultat de nos recherches, ce théorème : *Toute sensation apporte avec elle dans la sensibilité les deux caractères du temps et de l'espace.*

Osons maintenant esquisser en peu de mots la théorie générale des idées, qui va enfin nous dévoiler ce que c'est que la raison ; car voilà long-temps que notre esprit pour ainsi dire n'envisage que de bien loin cette merveilleuse puissance. Il est temps d'entrer dans le sanctuaire; et à mesure que nous en approchons, l'obscurité de nos paroles paraîtra s'accroître , sans, je pense , que leur évidence perde rien de son poids.

Si nous avons établi que toute sensation apporte invinciblement avec elle la notion d'espace et de temps , il est fort loin d'en être ainsi de cette autre chose qui vient après la sensation, et que j'appelle une *idée*.

Pour bien embrasser cet autre fait fondamental, disséquons encore le phénomène; usons comme nous l'avons fait jusqu'ici de notre faculté d'abstraire , en attendant que nous disions ce que c'est que cette faculté même. Envisageons un rayon bleu qui nous est envoyé par le prisme de Newton appliqué à la lumière du soleil. Réduit à notre pure sensibilité, nous verrons *bleu*, et rien que cela. De plus, la raison nous apprend que cette sensation apporte avec elle, et pour conditions d'elle-même, les notions de temps et d'espace. Mais que cette sensation devienne idée, alors, par ce seul fait, et suivant une admirable loi, à l'instant même cette qualité de temps et d'espace en est effacée ; à l'instant ces conditions inséparables disparaissent : elle est entrée dans un monde nouveau. Mais avant de nous enfoncer dans ces profondeurs , examinons avec calme ces caractères nouveaux. Cette distinction capitale entre les caractères nécessaires de toute sensation et les caractères de toute idée est fondamentale dans la théorie. Elle n'a pas été assez regardée comme la clef et la base de toute philosophie. Voici en quoi elle consiste :

I. Pour acquérir une idée , et par suite un *jugement*, et par suite la conscience de soi-même ou un *moi*, toutes choses que je ne définis pas encore , il faut d'abord qu'un objet quelconque , et que nous supposons jusqu'à démonstration *extérieur* à nous , fasse impression sur nos sens , sur un ou plusieurs. Je nomme ce premier acte une *impression*. Je dis ensuite que c'est un phénomène tout physique, qui est observable , et qu'on peut expérimenter. A part toute décision sur la nature même du son ou de la lumière , il est clair que je puis étudier physiquement le transit de la lumière dans les humeurs de l'œil , ou l'action des ondes sonores sur l'ouïe ; je puis examiner le rôle que joue la physiologie pour modifier, et jamais pour détruire absolument les actions chimiques et physiques. Je n'ai jusqu'ici qu'un pur phénomène tout physique , entièrement matériel.

II. Après l'*impression physique*, arrive la sensation. Déjà il y a une énorme différence entre ces deux choses. Elles sont distinctes; et la preuve, c'est que souvent il y a *impression* sur nos sens, sans que la sensibilité soit affectée. Qui songe à soutenir que nous recevons toutes les impressions innombrables que nous transmet l'univers? Qui ne voit que la sensibilité ordinairement en choisit une, et quelquefois même ce n'est pas la plus vive? Sur les organes des sens de l'homme endormi, arrive un torrent sensitif; le voile transparent qui recouvre ses yeux n'arrête pas toute la lumière; la lumière existe, ses sens existent, comme s'il était éveillé : il y a *impression*, mais la sensibilité est suspendue; l'impression, quant à son résultat, est comme non avenue. La créature serait bien malheureuse, si elle était condamnée à sentir indistinctement toutes les impressions. Qu'est-ce donc que cette sensibilité? Est-il en son pouvoir de se concentrer sur telle impression, d'en choisir telle autre? est-elle souveraine, enfin? question importante et douteuse, mais qui ne le sera plus quand nous aurons examiné ce que c'est que les *idées*, et fixé leurs caractères.

III. Pour les *idées*, il suffira de dire un seul fait pour lui faire obtenir un assentiment général. Quel philosophe a jamais prétendu que les idées aient un corps défini et une durée quelconque? Qui a soutenu jamais que l'idée, par exemple, de la couleur bleue fût étendue, figurée et durante. Celui qui nous parlerait d'une idée quelconque, qui aurait tant de mesures de longueur et tant d'instans de durée, ne pourrait s'attendre qu'on le réfutât, et serait un insensé. Ainsi, d'un seul instant de réflexion, nous concluons.

1° Une *idée* est privée des deux caractères de temps et d'espace;

2° Une *sensation* est inséparable des caractères de temps et d'espace.

La théorie ne prétend point dire qu'il y ait du temps et de l'espace dans notre sensibilité même, mais elle dit que les sensations y apportent invinciblement ces deux choses : elle établit, s'il est permis de s'exprimer ainsi, que les sensations en devenant idées perdent et semblent rejeter ces deux qualités de leur nature, qui font qu'elles nous révèlent le temps et l'espace. La question se réduit à ceci : est-il possible à quelqu'un de recevoir l'odeur d'une rose, la lumière d'une étoile, ou un contact quelconque, sans être forcé à se dire aussitôt que cette odeur, cette lumière, ce contact, a duré un certain temps, et a paru émaner d'un certain lieu? Dès-lors le temps et le lieu sont les alliés nécessaires de la sensation, et, pour ainsi parler, ses enveloppes. En résumé, une sensation nous paraît toujours dans le temps et dans l'espace, une idée n'y est jamais, et tous les efforts de l'esprit humain ne sauraient la concevoir revêtue de ces deux caractères.

La notion de temps et d'espace nous est donc donnée par la sensibilité et dans les sensations. Les sensations ne savent pas qu'elle existe en elles; elles ne savent rien : c'est la raison qui démêle ces deux notions dans la sensibilité. Dans les idées il n'y a ni espace ni temps : elles ont échappé à ces deux conditions. C'est donc des sensations, et non des idées, de ce que nous sentons, et non de ce que nous pensons, que la raison fait sortir les deux notions de temps et d'espace. Une âme qui n'aurait que des idées sans sensations (si cela se pouvait) n'aurait aucune conception de la durée ni de l'étendue. Plus on pense, plus on s'affranchit de ces deux conditions.

Dans le fait de temps et d'espace il faut donc reconnaître la grande condition de tous les phénomènes extérieurs à nous. Sans ces deux faits, aucun phénomène extérieur n'est représenté comme sensation. La théorie va même plus loin. Elle peut essayer de déterminer comment et pourquoi ces deux faits apparaissent dans toute sensation.

Il faut observer d'abord que la notion de *temps* et d'*espace*, quoique révélée par la sensation, est cependant tout-à-fait distincte de cette même sensation. L'odeur d'une rose m'oblige bien à conclure qu'il existe quelque chose d'extérieur à moi d'où son parfum provient, et que la douce impression qu'elle me cause dure un certain temps; mais je vois distinctement que, alliée de ces deux notions d'espace et de temps, mais non identique avec elles, la sensation pure est un phénomène évident et substantiel, parfaitement distinct des deux conceptions qu'il apporte avec lui.

Ces notions de temps et d'espace, quoique très-différentes, car une *durée étendue* est absurde, ces notions se superposent dans les sensations et ne s'y confondent pas; elles sont voisines, et non unies.

Il est clair que ces notions ne constituent point la sensation, mais se montrent toujours avec elle. Il est clair qu'elles n'existent dans la raison que comme idées pures, que comme toutes les autres idées; donc, elles viennent incontestablement de l'extérieur. Elles sont la condition et le mode de l'extérieur.

De même que la raison est un composé d'*idées* et de *puissances* intellectuelles qui jugent et coordonnent les idées, l'extérieur, le monde paraît être un composé de matière pouvant donner lieu à des phénomènes purs, véritable substance de la sensation et ensuite de *temps* et d'*espace*, qui fixent et coordonnent la matière. De ces deux conceptions de temps et d'espace, l'une a plus de valeur que l'autre : c'est celle du temps. En effet, on peut concevoir un *espace* qui dure un certain temps, qui persiste durant tant de siècles; mais on ne peut concevoir l'inverse, c'est-à-dire un *temps*, une durée occupant un certain espace. L'idée de *temps* est donc plus pure, plus indépendante, plus vaste que celle de l'*étendue*, puisque l'étendue semble se laisser mesurer par le temps, et que le temps refuse de se laisser confiner par l'étendue.

Par suite d'efforts soutenus de notre faculté d'abstraire, on croit arriver à la conception d'une matière, qui existe seulement, qui est inaltérable, sans phénomènes aucuns, sans mouvemens, sans changemens, d'une matière enfin qui serait hors du temps ; mais on ne conçoit pas une matière qui serait hors de l'espace. L'espace est donc en quelque sorte plus indispensable à la matière que le temps. En concentrant encore davantage les réflexions sur ces profondeurs, on croit démêler que l'espace d'abord, et ensuite le temps, étant les deux modes de la matière, ces deux modes se conservent et pour ainsi dire percent dans la sensation. On croit découvrir que la matière pure, élémentaire, simple, est tellement faite qu'elle est douée de propriétés primitives qui se passent toujours dans le temps et dans l'espace, lesquelles propriétés on nomme des *forces;* remonter par l'observation à ces propriétés primitives, d'où découlent tous les phénomènes, est l'objet de la philosophie naturelle. Il paraît encore que les propriétés primitives de la matière, ou forces, s'exercent de deux manières; d'abord en procédant des atomes élémentaires, sans influencer des atomes voisins, ce qui produit le *repos;* et ensuite en agissant sur des atomes voisins ou en rapports quelconques, auquel cas la force engendre le *mouvement.*

Le *mouvement*, émanant en général des *forces*, lesquelles proviennent à leur tour des propriétés de la matière qui est dans l'espace et dans le temps, devient ainsi, par une génération de faits, la mesure des modes de la matière; c'est-à-dire que le mouvement est pour nous la mesure la plus simple possible de l'espace et du temps.

Mais le *mouvement* ne nous donne pas immédiatement le *temps* et l'*espace*; il est en rapport avec eux, il les mesure, il les révèle pour nous, sans nous dévoiler leur nature intime. Tout porte à croire que le *temps* et l'*espace* sont des valeurs absolues, des choses positives, des substances pures, et toutes les variations que les forces nous montrent ne sont variations que parce que notre intelligence les juge non par rapport à l'univers, mais par rapport à elle.

Le *mouvement* n'étant qu'une expression lointaine de l'espace et du temps, il devient donc inutile de prétendre découvrir leur essence; cependant cette essence se réfléchit obscurément dans *la loi de succession* pour le temps, et dans *la loi de contiguité* pour l'espace : tout *temps* a des momens, et tout *espace* a des parties.

Ces recherches sur la nature absolue du temps et de l'espace sont, jusqu'à un certain point, vaines; mais elles touchent à des conclusions qui recèlent une grande fécondité. La sensation est toujours déterminée par une chose étrangère à elle, étrangère à nous, chose qu'il faut appeler *le non moi,* l'extérieur. Une seule sensation, examinée par la raison, établit l'existence d'un monde réel hors de nous. L'âme qui examine une sensation voit d'abord que ce n'est pas *elle* qui se l'est donnée.

Toutes ces impressions venant d'une chose extérieure, qui est le monde, ont dû en entrant dans la sensibilité, au moment où l'impression *physique* devient conception *sensible*, elles ont dû se dépouiller complétement de tout ce qui est *force* et de tout ce qui est *mouvement;* elles n'ont donc plus, comme sensations pures, ni vitesse, ni forme, ni odeur, ni saveur, ni dureté quelconque; mais, même en devenant *sensations,* elles n'ont pu se dépouiller de ce qui fait l'essence et la base nécessaire du monde qui les a suscitées. Elles se sont dépouillées de tout, hormis de leur enveloppe nécessaire : voilà pourquoi les sensations, comme telles, déploient encore quelque chose de leur nature première dans la sensibilité; elles ont abandonné toute forme et toute durée phénoménique, mais elles n'ont pu quitter leur mode absolument nécessaire; donc, il doit apparaître dans la sensibilité la trace de l'essence originelle de l'univers, donc la sensibilité doit nous manifester le temps et l'espace.

Cette manifestation prouve une chose; d'abord, puisque le *temps* et l'*espace* se révèlent eux-mêmes dans la sensibilité, non comme y existant, mais comme existant autre part dans l'extérieur, cet extérieur même, doué de lois si étranges, existe donc bien réellement; ainsi, la sensation, affectée encore de temps et d'espace, trahit par là l'existence puissante et féconde de tout un univers. Nous verrons que cet univers est différent de celui des idées, que les notions de temps et d'espace influent puissamment sur la formation de nos facultés, et que ces deux univers, toujours séparés, se lient l'un à l'autre, par le caractère de l'infini, qui les domine tous deux.

Il faut maintenant nous borner à déduire de toutes ces considérations la conséquence la plus importante qu'elles renferment. C'est qu'il existe DEUX UNIVERS, l'un dans le temps et dans l'espace, l'autre qui en est affranchi; l'un qui est le monde des sensations, l'autre, qui est le monde des idées; l'un, qui est atteint et profondément affecté des conditions de l'extérieur, la matière, et qui est sujet comme elle aux changemens et aux accidens de tout ce qui est phénomène; l'autre, qui est saint, éternel, immuable : c'est ce dernier qui voit et juge tout ce qui n'est pas lui, et qui trouvant souvent dans l'extérieur des motifs de peine les compare à sa nature éternelle, et se révèle dans ses dégoûts mêmes un des titres de sa pureté et de sa grandeur.

Mais réprimons, mon fils, ces conclusions trop hâtives encore, fruit de l'impatience de notre âme devant ces immenses sujets, et rentrons dans la voie sévère de l'expérience et de l'induction. Déjà nous entrevoyons ici le champ qui paraissait étroit et qui est immense, où s'exercent les pouvoirs de la sensibilité et ceux de la raison. Nous voyons d'avance que la raison, munie de sa souveraineté, et hors du temps et de l'espace, va s'élever au-dessus des sensations, et pour ainsi va se jouer avec ces qualités, où ces dernières sont retenues. Et si nous sommes obligés d'après les faits de révêtir la raison de cette haute prérogative; s'il faudra lui accorder encore le pouvoir étonnant, non pas seulement de s'élever au-dessus du temps et de l'espace, mais aussi de pouvoir quelquefois accepter pour un moment ces qualités, s'en servir pour juger l'univers et les dépouiller après, on concevra sans peine comment la raison, déployant sa force souveraine, pourra se dévoiler ses lois sublimes, se reconnaître des forces actives, supérieures à tout ce qui existe, les pouvoirs merveilleux du jugement, de la réflexion et de l'abstraction. L'âme humaine se compose de sensibilité et de raison, et peut s'occuper des choses les plus petites et des questions les plus élevées, parce qu'elle ressemble à cet ange de Milton, dont le pied s'appuyait à la terre, tandis qu'autour de son front immortel les nuages venaient se briser. »

IV.

Nous venons d'établir la distinction fondamentale entre la sensibilité et la raison, ou plutôt entre le domaine des sensations et celui des idées; cette séparation nous paraîtra plus nette encore, et nous pourrons dès ce moment fixer les attributs de la philosophie rationnelle comme science, dès que nous aurons étudié et défini l'âme, et établi de quoi se compose cette flamme toujours active.

Nous allons donc rechercher cette fois ce que c'est que l'âme, quels sont ses caractères, quelles sont ses facultés, et comment elle les exerce; enfin nous allons voir si elle a le droit de se prétendre immortelle. Prêtons toute notre attention, mon fils, à ces grandes et difficiles questions.

Nous nous proposons d'esquisser ici le tableau général des procédés intellectuels.

Nous allons surtout sortir pour jamais du scepticisme, en établissant un guide sûr et un juge suprême de la vérité. Nous admettons en premier lieu que l'âme, quelle qu'elle soit, doit avoir des propriétés ou des facultés primordiales. Ce qui revient à dire que l'âme a certains caractères, comme tous les êtres quelconques. Personne ne songe à nier cette proposition.

De quelque manière que l'on conçoive l'univers, même si l'on nie que les idées répondent à quelque chose de réel hors de nous, tous les hommes qui pensent accorderont que l'univers, pour nous, est un vaste composé de faits.

Les efforts de notre intelligence doivent sans cesse tendre à bien observer les faits ; ensuite à tâcher de trouver leur caractère général, ou la loi qui les régit.

Si nous examinons maintenant les faits dont se compose l'univers, nous trouverons qu'il est possible d'établir dans leur multitude une grande division. Il y a des faits *intérieurs* ou *intellectuels*, et des faits *extérieurs* ou qui paraissent l'être. L'idée que nous avons de *l'injuste* est un fait interne ; l'idée d'une comète est un fait externe.

Voici donc les deux univers que la théorie nous découvre, et que nous allons visiter :

L'univers du moi, ou de l'âme humaine.

L'univers du non moi, celui des *phénomènes* naturels ou moraux.

Déjà nous avons trouvé que les lois qui régissent ces deux univers sont essentiellement distinctes, et déjà, *à priori*, comme il est évident que ces deux mondes existent et qu'ils sont différens, il était fort probable que leurs lois seraient aussi fort différentes.

La théorie peut-elle nous enseigner à trouver ces lois ? Il sera possible d'assigner avec certitude les conditions de la sensation et les lois des corps extérieurs, mais nous ne pourrons fixer les conditions et les lois des puissances de l'âme, autrement qu'en disant qu'elles sont d'une autre nature que les lois de la sensibilité et des objets, et qu'elles leur sont opposées.

Les puissances de l'âme sont les juges souverains de la sensation et de l'extérieur; nous pourrons fixer leur dignité et dire en quoi elles planent sur l'extérieur; mais quel moyen avons-nous de juger ces pouvoirs, qui eux-mêmes jugent tout ce qui est. Cependant nous verrons qu'ils se révèlent à eux-mêmes quelques-uns de leurs caractères, semblables à cet esprit de Dieu, qui vivifiant l'abîme du chaos, se jugea lui-même quand il dit à l'univers naissant : « Tout est bien ! »

Nous avons prouvé que toutes les sensations qui arrivent à l'âme, du monde extérieur, sont assujetties à deux caractères, sans lesquels elles ne se présentent jamais. Ces caractères sont le temps et l'espace. Ces caractères ne constituent pas la sensation, mais ils la gouvernent.

Ces choses ne sont pas les lois de la sensibilité, mais des qualités que les sensations y apportent, et qui existent réellement dans l'univers extérieur.

Mais aucune *puissance*, aucune *faculté*, aucune *idée* de l'âme humaine, ne se montre jamais revêtue de ces deux caractères, d'espace et de temps, ou de l'un d'eux. Ils sont incompatibles totalement avec leur nature. Les idées, dès qu'elles deviennent idées, échappent à cette loi du monde et des sensations ; et dire que nos idées du génie , de la morale , que l'idée que nous avons d'un objet quelconque est étendue , est figurée , a une longueur ou une couleur quelconque , c'est reconnu être une des plus grandes absurdités philosophiques que l'on puisse soutenir.

Dès que la sensation devient idée et entre dans l'âme , elle dépouille le temps et l'espace ; donc ces qualités sont incompatibles avec elle , donc l'âme existe hors du temps et de l'espace. Mais si notre âme se contentait de percevoir des idées , sans les lier et les comparer entre elles , sans en tirer aucune conclusion , sans les classer ni les juger , l'âme serait une puissance inutile , un immense et stérile dépôt d'idées.

Examinons maintenant par quel procédé l'âme analyse les idées , et quelle espèce de juridiction elle exerce sur l'univers.

Pour moi, une idée est simplement une impression ayant réussi , étant devenue sensation , et dépouillée ensuite , par son entrée dans l'âme , des qualités de temps et d'espace.

Maintenant, mon fils , fixons toute notre attention sur un des points les plus importans de la théorie , qui va nous fournir la solution de grandes difficultés , mais qui demande qu'on y pense avec attention.

Le monde extérieur ne nous donne que des sensations qui deviennent des idées. Il ne nous envoie que des faits isolés. Les lois qui le gouvernent, les rapports qui lient les faits entre eux, tout ceci n'existe dans le monde extérieur que sous la forme de faits isolés, qui n'ont d'autre liaison que celle de venir l'un après l'autre dans un certain ordre : ainsi se superposent l'une sur l'autre les diverses pierres d'une colonne élégante, de sorte que l'impression de beauté qu'elle produit ne résulte point du passage de l'une à l'autre, ni de leur succession, ni de leurs qualités individuelles, mais d'un effet général qui plane sur l'ensemble.

La théorie ne peut voir dans l'univers que des faits étrangers l'un à l'autre, se succédant sans liaison.

Sans aucun doute, les pures lois du monde physique existent dans la nature; ces lois résultent des faits; les faits résultent des sensations; les idées résultent des sensations soustraites au temps et à l'espace; mais, dans les sensations mêmes, qui sont en définitive la source de toutes nos connaissances extérieures, nous avons vu qu'il est téméraire de supposer autre chose que des sensations; et dans les sensations y a-t-il des rapports, des points de liaison, des lois entre les faits? Non, sans doute. Donc les sensations, quoique émanant de phénomènes régis par des lois, étaient incapables de nous révéler ces lois, parce que les sensations ne contiennent rien qu'elles-mêmes, et ne peuvent apprécier qu'elles seules. La notion de rapport, de comparaison, de jugement, ne peut venir de la sensibilité; elle ne peut venir du monde extérieur, qui ne présente jamais qu'une série de faits; donc elle est reconnue directement par une puissance de notre âme. Voilà déjà, mon fils, une apparition de notre force intérieure; voilà déjà une manifestation de son essence et un acte de son gouvernement.

Ce point capital, dans la théorie, va s'éclaircir tout-à fait par un exemple. Quand l'astronome Kepler eut l'idée féconde d'observer et de mesurer les positions annuelles de la planète Mars dans les cieux, il put noter les places successives qu'elle vient occuper. S'il n'eût possédé que la pure action de sentir, sa sensibilité lui eût fourni une série de faits, et rien de plus. Jamais il n'eût découvert, jamais il n'eût eu l'idée de la loi de la courbe de l'orbite. Cette loi résultait bien des faits; même cette loi était dans les faits. Mais la sensibilité, qui enregistre, et voilà tout, était tout-à-fait impuissante pour l'en faire sortir. Il fallait pour cela une autre puissance, planant sur la sensibilité, qui pût se mettre en dehors du temps et de l'espace, juger ce que la sensibilité fait pressentir, et embrasser les faits avec leurs liaisons et leurs rapports, c'est-à-dire apercevoir les lois.

Voici un autre exemple bien plus simple; car on ne peut trop établir ce qui me paraît être la base de toute philosophie. La sensibilité nous transmet la sensation de deux boules blanches: cette sensation devient idée : nous avons idée

idée de deux boules blanches : on en place deux nouvelles à côté des premières : nous avons alors la sensation, puis l'idée de quatre boules blanches, et voilà tout ; mais je dis qu'il n'y a rien dans la sensation, absolument rien, qui nous avertisse que deux boules blanches plus deux autres en font quatre. Il y a ici comparaison, rapport ; pas un atome de ceci n'existe dans la sensation ; et cependant nous sommes certains de cette vérité. Donc, intervient une autre puissance, de qui nous la recevons.

Cette force de l'âme, dont l'existence est indubitable, et qui résulte indubitablement des faits, nous l'appellerons LA PUISSANCE DU VRAI. C'est elle qui lie les idées, qui les compare, qui voit leur ressemblance, qui juge leurs rapports, qui met de l'ordre enfin dans leurs prodigieuses variétés. Pour ainsi dire, elle se promène comme un ange de lumière dans le chaos des sensations, et elle les juge en leur appliquant sa touche de vérité. Cette puissance une fois reconnue, achevons l'édifice, et construisons l'âme humaine.

D'abord ne nous méprenons pas sur l'étendue et la dignité de la PUISSANCE du vrai. C'est d'elle que découle toute certitude. Elle est la source de toute vérité. C'est elle qui nous permet d'avoir un avis et qui fixe notre grandeur comme êtres pensans.

Mais pour nous revêtir d'une pleine souveraineté sur le monde extérieur et les idées de notre âme, suffit-il à la puissance du VRAI de décider sur les rapports des choses? A-t-elle toujours cette action pressante et comme instinctive, cette subite inspiration, ce coup d'œil d'aigle, qui, dans tous les cas, est assez vaste et assez sûr pour saisir une idée et la juger ce qu'elle vaut, pour faire sortir des sensations les lois qu'elles renferment? Gardons-nous de le penser. La puissance du vrai est pourvue de plusieurs instrumens, au moyen desquels elle pénètre plus sûrement dans le monde extérieur. On pourrait concevoir une puissance du vrai qui n'en eût pas besoin. qui devinât. Mais la nôtre, encombrée de la sensibilité, n'en est pas là encore.

Quelles sont donc ces ressources, ces instrumens, et, pour ainsi dire, ces moyens d'administration de la puissance du VRAI.

Nous avons vu que les conditions du monde extérieur, se manifestant dans la sensibilité, sont toujours atteintes, d'après l'arrêt de la puissance du vrai, des deux conditions de temps et d'espace. Nous avons vu que les idées, par le seul fait de leur formation, sortent de ces conditions, et nous verrons de plus en plus qu'exclusivement affectées au monde extérieur, ces conditions sont toujours repoussées par les puissances intellectuelles. Mais si le temps et l'espace sont les conditions nécessaires des sensations et la livrée constante de l'extérieur, on conçoit *à priori* que la puissance du vrai, pour juger à fond le monde des sensations, devra nécessairement se plier à ses usages, et, pour ainsi dire, accepter un instant ses habitudes. On conçoit que la puissance du vrai se revête de leurs caractères.

Il sera possible à la puissance du vrai, pour ainsi dire, d'entrer un moment dans le temps et dans l'espace; car elle est souveraine dans l'univers, et elle peut tout, hors s'abdiquer elle-même. S'identifier avec ces choses, qu'elle dédaigne, lui est totalement impossible. Mais elle pourra faire une apparition dans ces choses, tout en se révélant à elle-même qu'elle réside dans une autre région.

Alors, si nous examinons avec attention les *facultés* ou instrumens de l'âme, nous verrons, par une analyse sévère, que ces moyens, si divers, si variés, se réduisent à un fort petit nombre.

D'abord, la puissance du vrai établit une comparaison, prononce sur une ressemblance, fixe un caractère, en un mot, rend un jugement. Ceci est un acte pur, et qui ne peut admettre l'analyse. C'est un exercice souverain de la puissance du vrai. Et il ne faut pas omettre de remarquer l'exquise pureté de ce jugement : ceci est vrai, ceci n'est pas vrai. On voit de suite que c'est un acte souverain. La puissance du vrai déploie à chaque instant l'énergie de la Bible : « Que la lumière soit ! » Son existence est une suite de laconismes sublimes. Ainsi la puissance du vrai rend un jugement par le seul fait de sa souveraineté; ceci est elle-même : ce n'est pas un instrument qui n'est pas elle, avec lequel elle va juger l'univers. Le jugement n'est donc pas une faculté, un instrument; c'est l'acte même de la puissance du vrai. Voici les deux procédés généraux que j'admets dans l'âme humaine, et les deux classes dans lesquelles je les divise, espèce de complication qui va se résoudre en une merveilleuse simplicité.

D'un côté, on doit ranger tous les procédés de l'âme ayant pour objet de diviser, de séparer, d'isoler, de réunir, de distribuer, d'augmenter, de diminuer, de partager les idées. On voit à l'instant même, et avec étonnement, que ces mots sont une série d'expressions physiques empruntées au monde extérieur, et que tous ces mots, sans exception, sont affectés de l'idée *d'espace*. Réunir, isoler des idées, cela suppose un certain *lieu* où se passent ces choses. Il y a idée *d'espace* dans tous ces procédés divers.

Or, c'est la puissance du vrai qui accomplit tout cela : mais la puissance du vrai est hors de l'espace; donc, dans tout ce groupe de procédés intellectuels, cette puissance est entrée dans *l'espace*, non pour y demeurer toujours et y oublier sa haute nature, mais se placer sur le même terrain que les sensations, et mieux juger l'univers. Elle est entrée dans l'espace à sa manière; elle n'y habite point; elle n'est point étendue, mais elle s'y place et s'y soumet d'une manière évidente, quoique obscure pour nous. Ainsi, dans tout ce groupe de procédés intellectuels, que jusqu'ici toujours les philosophes ont voulu séparer, on ne peut voir qu'une seule faculté, celle par laquelle la puissance du vrai accepte pour un moment les conditions de l'espace.

Nous appellerons ce pouvoir une faculté générale, que nous nommerons *la faculté de l'abstraction*, ne voulant pas compliquer la science de mots nouveaux.

Mais il y a plus : un autre groupe extrêmement vaste de procédés intellectuels se présente. Dans tous ces mots, réfléchir sur les idées, se les rappeler, s'en souvenir, méditer sur elles, les fixer, les pressentir, les annoncer, en un mot dans tout ce qui regarde la méditation, l'attention, la mémoire, la réflexion, la notion de temps, de succession, entre invinciblement. Il ne faut qu'y penser un moment pour ne plus en douter. Qu'est-ce que *réfléchir* sur une idée? C'est d'abord accepter une idée de l'extérieur ou de l'intérieur de l'âme, la considérer *pendant un certain temps*, la fixer attentivement pendant un certain temps. Il est impossible de sortir de cette notion fondamentale, qui se montre dans la réflexion comme dans la mémoire; mais, nous le répéterons encore, la puissance du vrai est hors du temps, et c'est elle qui accomplit toutes ces choses contraires à son essence; donc c'est qu'elle apparaît dans le temps; donc elle s'en revêt un moment, et consent à se charger de ce mode de l'extérieur.

On conçoit même que cela ne pouvait être autrement; car les deux univers du moi et du non moi fussent restés éternellement séparés, si leurs principes n'eussent été disposés de manière à s'influencer l'un l'autre. L'univers du non moi ou des faits de la nature, enchaîné dans le temps et dans l'espace, ne pouvait jamais s'élever jusqu'à l'univers du moi ou des puissances de l'âme; il fallait donc que ce dernier descendît jusqu'à lui.

Il nous reste encore une seule considération, mais bien importante, avant de pouvoir définir complétement l'âme humaine. Nous avons admis en nous une puissance du vrai, parce que l'univers extérieur ne nous envoyant absolument que des faits, et non des rapports et des conclusions, il fallait bien donner une source à ces choses.

Mais des arrêts de vérité et de fausseté, des conclusions, des jugemens, est-ce là tout ce que nous recevons de l'univers? Faisons-nous dans ce monde uniquement de la logique? Et qu'est-ce que la vertu, le patriotisme, l'harmonie, le goût, le sublime, le mélodieux? Évidemment, il y a ici tout autre chose que de purs faits.

Nous sommes donc obligés d'admettre dans l'âme humaine encore d'autres puissances que celle du vrai.

Nous verrons qu'un examen les réduit à deux:
la puissance du juste et la puissance du beau;
nous devrons fixer leur essence, et leurs procédés,
et leurs formes extérieures, et leurs produits; et
déjà nous remarquerons ici, comme une chose
curieuse, que quoique leur nature soit la même
que celle du vrai, et qu'elles soient aussi totalement hors de l'espace et du temps, elles sont
placées pour ainsi dire en sous-œuvre, compara-
tivement à celle-ci, c'est-à-dire que, par exemple,
la puissance du juste ne décide pas un jugement
comme la puissance générale du vrai, mais elle
se règle sur cette dernière, de sorte que la puissance du vrai guide celles du juste et du beau
dans leur appréciation du monde extérieur.

La puissance du vrai occupe donc les sommités
de l'âme humaine? C'est le véritable roi de notre
esprit. Voici comme on peut concevoir cette chose
admirable, qu'on appelle l'âme humaine. Elle
est composée d'une puissance souveraine, la puissance du vrai, qui a sous elle deux autres puissances, celles du juste et du beau. Toutes trois
sont hors du temps et de l'espace. A côté d'elles
se trouve disposé un appareil particulier, appelé
la sensibilité, qui communique avec l'univers par
le moyen d'instrumens appelés sens, lesquels
sont doués d'organes. Les sens transmettent des
impressions dans la sensibilité; les impressions
deviennent sensations et y apportent toujours les
conditions de temps et d'espace. Elles les perdent

en entrant dans un domaine étranger à ces caractères, et deviennent des *idées*. Ces idées, tant
qu'elles resteraient dans l'âme, n'auraient pour
elle qu'une existence purement contemplative et
tout abstraite, si elles n'étaient destinées à gouverner l'extérieur et à s'y exercer. Voilà pourquoi
la puissance du vrai revêt les conditions de l'espace et du temps, et se crée elle-même les deux
facultés de *l'abstraction* et de la *réflexion*.

Il y a donc dans l'âme humaine une puissance
génératrice, LA PUISSANCE DU VRAI et deux subor-
données, la puissance du *juste* et la puissance du
beau; la puissance du vrai, par son exercice pur,
devient *le jugement,* et de plus, elle se donne
deux instrumens ou moyens de connaître dans
l'espace et le temps, *l'abstraction* et la *réflexîon;*
et enfin une sensibilité, pour recevoir ce que
l'univers envoie.

On pressent parfaitement qu'il existe encore
beaucoup d'autres choses dans l'âme humaine.
Toutes ces puissances ont encore d'autres qualités;
elles ont toutes leurs sujets favoris, et c'est de
tout ceci que nous verrons découler les phénomènes de la morale et des arts; car, une philosophie qui ne rend pas compte de tout n'est pas une
philosophie. Une fois ayant établi l'existence pure
d'une puissance du vrai, qui siége en souveraine
et juge les sensations, qui se met quelquefois dans
le temps et dans l'espace pour prononcer sur l'u-
nivers, nous pourrons définir ce que c'est que
le *moi.*

Le *moi* prend la forme de la conscience de notre existence et de notre identité. La créature, douée de la puissance du vrai, sent qu'elle est la même à toutes les époques de la vie. Quelque différence que l'âge et les situations déterminent, encore est-il que ce sentiment de conscience ne meurt jamais. La sensibilité, qui est une puissance muette et esclave, ne reçoit jamais que des sensations différentes. Le rayon de lumière qui fatigue nos yeux dans la vieillesse n'est pas le même que celui qui a lui à nos premiers regards. Mais le pouvoir du vrai, pour lequel le temps ni l'espace n'existent, pour lequel il n'y a ni succession ni lieu, affranchit notre âme de ce fait de succession et de lieu ; il brise pour ainsi dire la distance qui sépare les sensations, il anéantit par son essence même les endroits espacés où elles ont dû avoir lieu, et il fonde dans l'âme qu'il gouverne l'idée d'une unité qui reste telle, malgré la succession des sensations. Déjà résulte l'idée du *moi*, idée simple, élémentaire et sainte, idée qui ne s'efface que lorsque la puissance du vrai se dégage de la sensibilité, et qui n'est réellement que le fait de l'émancipation de la puissance du vrai, des conditions de la sensibilité, qui sont le lieu dans l'espace, la succession dans le temps.

Il est temps de fixer quel est le droit qui nous permet d'émettre une opinion. Il est temps de voir quelle est cette puissance singulière qui nous donne la conviction que nous ne nous trompons pas. Il est temps enfin de savoir si nous devons ajouter foi à nos propres convictions, et d'examiner les titres de l'empire de la puissance du vrai.

Si son autorité est légitime, nous en croirons notre conscience, et repousserons le scepticisme. Si on peut l'ébranler, nous douterons de tout, engloutissant toutes nos certitudes dans le même abîme.

C'est ici un des points les plus difficiles de la théorie, et même je pense que la pleine réfutation du scepticisme ne peut se tirer que de l'ensemble de la théorie, où nous ne faisons qu'entrer.

Établissons cependant les faits suivans, qui sont plutôt des remarques que des preuves.

Le seul fondement de la vérité est la conscience intime, inébranlable, que nous avons de cette vérité même. En vain essayerait-on de la trouver autre part. La puissance du vrai se fixe par la conscience même du vrai.

Voici cependant une simple considération, qui me paraît suffire pour repousser tout scepticisme. L'argument doit être double. Il faut prouver 1° qu'il existe une vérité quelconque; 2° qu'il nous est possible de la connaître. Je sais qu'on a beaucoup abusé en philosophie du genre de preuve qui consiste à conclure l'existence d'une chose de la simple idée que nous en avons. Je crois cependant que cette marche peut convenir ici. Il est évident que nous avons l'idée nette et arrêtée de la vérité : donc elle existe. De quelque manière que l'idée de la vérité soit entrée dans notre âme, de quelques élémens qu'elle ait été composée, il suffit qu'elle y soit pour que la vérité existe. Il est en effet totalement impossible de concevoir qu'elle soit un composé ou de doutes, ou d'erreurs, ou de probabilités, ou de demi-certitudes. Donc l'idée du vrai a été produite nécessairement par quelque chose du vrai absolu, sans quoi nous n'aurions jamais pu posséder cette idée. La lumière ne peut venir que de la lumière ; le vrai ne peut naître que du vrai. Nous admettons donc comme démontrée, l'existence du vrai. Quant à savoir si l'on peut admettre que le vrai s'offre à nous, et peut être apprécié par notre âme, chaque créature, sans s'égarer en raisonnemens métaphysiques, se fie à sa conscience intime. Mais la théorie me paraît fournir deux démonstrations sans réplique, que nous ne nous trompons pas dans nos jugemens. Je n'en exposerai qu'une seule ici, l'autre devant se déduire d'une partie plus profonde de la science.

Il s'agit de prouver que la puissance du vrai est compétente pour prononcer un jugement, et qu'elle a mission de nous donner la conscience de la vérité. Il faut remarquer pour cela que la sensibilité, ou le pouvoir sensitif, comme nous l'avons plusieurs fois remarqué, enregistre les sensations, et voilà tout. La puissance du vrai fixe les rapports. Voilà donc deux univers : celui des sensations, atteint des caractères de temps et d'espace; l'autre, celui des puissances de l'âme, hors du temps et de l'espace, et qui n'y entre que pour juger l'univers. Ces deux univers n'ont rien de commun dans leurs qualités et leurs accidences. Cependant ils communiquent, ils s'influent, ils se modifient réciproquement. Qu'ont-ils de commun? leur existence simultanée, et avec cela aucun caractère qui convienne à tous deux. Mais se bornent-ils, ces deux univers, à se modifier, à s'influencer vaguement l'un l'autre. Non, l'univers intérieur, celui des puissances de l'âme, après avoir transformé les sensations en idées, les gouverne, s'élève au-dessus d'elles, fixe leurs rapports, établit leur lois, et prédit d'une manière sûre les phénomènes de l'autre univers. Un astronome fixe, plusieurs siècles à l'avance, la seconde et la fraction de seconde où le disque de la lune viendra raser le bord du diamètre solaire; il apprend au marin, sur le rivage, la hauteur précise où les grandes marées vont élever les flots; donc l'univers des puissances intellectuelles gouverne, juge, et prédit l'univers extérieur. Cette prévision, cette connaissance exacte des phénomènes, suffit pleinement pour établir plusieurs choses d'une grande importance. Il prouve d'abord que la sensibilité a reproduit fidèlement les faits de l'extérieur, et qu'elle ne nous a point trompés; il prouve ensuite que la raison a sainement jugé et lié tous les faits; et il est contradictoire que tout ceci ait pu se faire, sans qu'il y ait eu sûreté dans la sensibilité, et vérité dans la raison.

Cette preuve, qui me paraît démonstrative, revient à ceci : De l'accord incontestable qui existe, par la prédiction des phénomènes naturels, entre les faits confiés à la sensibilité par l'univers et le jugement de l'âme sur ces faits, il résulte nécessairement que les faits sont exacts, et que l'âme raisonne légitimement sur eux. Cet accord est une démonstration que les élémens du jugement doivent posséder la même vérité qui éclate dans le jugement lui-même; et la vérité du jugement lui-même n'est pas un raisonnement, c'est un fait.

Mais il y a plus encore à déduire de cette noble puissance de notre raison, qui nous permet de prévoir les effets naturels jusqu'à la fin des temps. Cette chose extérieure à nous, cette existence réelle de l'univers, objet des recherches de tant de philosophes, nous ne l'avons pas établie, mais elle résulte invinciblement de la même série de preuves.

Par la puissance de notre raison, nous allons suivre la comète fuyant dans son orbite, et nous allons prédire avec certitude le temps où elle reviendra visiter notre petit univers, auquel appartient ce point dans l'étendue, que nous appelons *le globe*. Cette prédiction est infaillible. Les idéalistes prétendent que cette comète, le ciel, la terre, sa chevelure embrasée, tout cela est une suite de pures idées de l'âme. Mais anéantissons par la pensée l'astronome, le grand Clairaut, qui assigna la comète à 76 ans. Admettons qu'il meurt, ses idées expirent. La prédiction, dont lui seul a pu même avoir le secret, est anéantie. Et cependant la comète arrive; elle luit dans les cieux, la gloire des sages, l'effroi du vulgaire. Est-elle une idée, cette comète, qui arrive d'après la prédiction de Clairaut, qui est mort. Son âme, qui l'a conçue, n'est plus sur la terre. Son corps a disparu dans la poudre. La comète traverse le ciel, et on cherche les cendres de celui qui l'a prévue. Il existe donc hors de nous un univers bien réel, bien objectif, et qui n'est aucunement dans nos idées, puisque les choses que nous avons prédites arrivent, même quand nos idées sont éteintes, et que notre âme a quitté son ancienne habitation. Les idées sont donc une chose, et l'univers une autre chose; ces deux choses existent à part et de leur côté.

Mais il nous reste à déduire des faits précédens une conséquence beaucoup plus élevée. Il faut nous prononcer sur le matérialisme, et voir ce que c'est que la mort. Nous devons examiner si aux yeux du sage l'immortalité de l'âme est une chimère, ou bien si elle est un droit, un privilége inhérent à notre nature. Nous allons voir si la mort est un accident à redouter, s'il faut craindre ses approches, ou si la science de la sagesse ne peut dissiper ces noires terreurs qui planent sur les tombeaux.

D'abord définissons les termes, et limitons la question. Le monde physique est plein de changemens et de destructions. Les élémens des corps sont indestructibles, mais les substances mêmes ne sauraient périr. La plus petite molécule d'or peut être transformée de mille manières; on peut la violenter par mille agens, lui faire subir mille combinaisons; mais si l'or est un corps simple, tous les efforts de la chimie viendront expirer contre sa nature immuable. Une goutte d'eau dans l'immense océan est en pleine sûreté. Ses élémens sont à elle, et rien ne peut les anéantir, ni même les altérer le moins du monde.

Ce sont donc les essences des choses, les natures intimes, que rien ne peut détruire. Ce sont elles que la théorie doit déterminer.

Quelle est donc l'essence de notre âme. Nous y avons démontré l'existence d'une puissance du vrai, simple, pure, existant hors du temps et de l'espace, qui se fixe par la conscience du vrai. Nous avons établi qu'elle porte des jugemens parfaitement purs, et qu'elle détermine les rapports et les lois qui lient les sensations. Elle voit tout ce qu'il y a dans la sensation. Son essence est donc de trouver le vrai, et la preuve, c'est que le faux, une fois découvert, l'irrite et la blesse. Elle a donc son essence, et cette essence même ne saurait s'altérer ni se détruire.

Mais il est évident qu'il existe un univers extérieur, nous l'avons prouvé. Notre corps fait

partie de cet univers extérieur. Notre corps est
dans le temps et dans l'espace. La mort, pour
notre corps comme pour tous les autres, est un
phénomène physique, ordinaire, inhérent à
la vie et à l'organisation. C'est un phénomène,
dans le temps et dans l'espace, mais notre âme
n'y est jamais; donc la mort, phénomène, ne peut
exercer sur sa nature intime aucune espèce d'action. Notre pensée, et la mort, comme accident
physique du corps, sont des êtres totalement
distincts, et ce vieil épouvantail, notre âme doit
le voir avec indifférence, et peut-être même avec
mépris.

Je ne veux pas, mon fils, négliger de faire tout
ce qui est en moi pour jeter de nouvelles lumières sur un fait important dans la théorie, et
qui l'est plus encore par ses conséquences. Nous
le verrons résulter uniformément de tous les
phénomènes de l'âme humaine, et cette idée
d'immortalité nous arrivera de plusieurs sources.
Mais, sur ce point, je dis plus. Puisqu'il résulte
de notre philosophie, jusqu'ici, que la puissance
du vrai, qui domine dans l'âme, qui a sous elle
pour ainsi dire celles du juste et du beau, qui
produit le moi et les facultés intellectuelles,
tantôt par son mépris du temps et de l'espace,
tantôt en consentant à les revêtir, puisqu'il ré
sulte de tous ces faits que la raison et l'univers
sont des choses totalement distinctes, il ne sera
point difficile, vu que nous connaissons les pro-

priétés de l'univers ou des corps, de prouver que les propriétés de l'âme en sont bien éloignées. Il ne devra pas être difficile de trouver dans l'âme des caractères qui seront totalement op-posés aux caractères des corps. Voici donc cet autre genre de considérations, qui découlent de la théorie.

Tous les corps sont étendus, c'est un fait. Chacun occupe sa place, que nul autre ne peut venir prendre sans qu'il la cède. C'est ce qu'on appelle, en physique, l'impénétrabilité. C'est le caractère constant de tout corps. Plusieurs phéno-mènes, ou mouvemens matériels, ne peuvent se passer précisément au même endroit. Mais le fait de l'unité d'impression, le fait du moi est direc-tement contraire à cette notion d'étendue. La créature va recevoir à la fois les impressions du tact, des sons, des parfums, des goûts ; elle va recevoir d'une immense plaine, d'une vaste mer, d'un grand rideau de montagnes, pour ainsi dire des millions d'impressions différentes dans l'œil : elle va recevoir des musiciens d'un très-grand concert des trésors innombrables de sons mélo-dieux ; et toute cette diversité est réduite à l'idée pure du moi ; j'ai l'idée claire que c'est *le moi* qui éprouve toutes ces choses si variées, si di-verses. Ces millions d'idées réduites à l'unité ne le peuvent être par aucun procédé matériel. Que ce soient des vibrations, des mouvemens, des chocs, tout ce qu'on voudra, jamais tous ces phénomènes ne pourraient venir influencer le même et identique point de l'âme supposée matérielle, pour y produire l'idée simple du moi. Cette idée est donc manifestement contraire à toute notion d'étenduc. Donc, elle est née autre part que dans l'étendue. Donc l'âme où elle se montre n'est pas dans l'étendue, donc elle n'est pas matérielle. Et l'idée du moi, idée pure et sainte, qui ne périt jamais en nous, semble nous avoir été donnée pour nous préserver à jamais de toute assimilation à la matière.

Il est donc évident que la puissance du vrai témoigne à chaque instant son mépris pour l'espace, qu'elle réduit d'innombrables sensations à l'unité : et cet acte est une preuve sans réplique de sa nature.

Mais elle ne traite pas le temps moins en souveraine. Jetons un seul coup d'œil sur les phénomènes de la mémoire. Voyez comme elle remonte dans le passé, et quelquefois même comme elle plane sur l'avenir. Le monde des phénomènes est une succession de faits qui se suivent ; nous verrons d'où provient l'idée de cause. Mais ces faits matériels ne laissent aucune trace. Un phénomène, par exemple une explosion de tonnerre, arrivée il y a cinquante ans, ne laisse rien qu'un autre fait qu'on appelle effet ; mais la puissance du vrai renoue ces deux choses isolées. Bien plus, elle entre si bien dans le temps, ou plutôt elle renverse si bien les conditions de temps, qui cependant gouvernent toute la nature extérieure, qu'elle nous rend présens dans la conscience ces phénomènes extérieurs absolument passés. Elle recommence l'univers; elle le fait comparaître en elle-même et devant elle-même. Tout ceci, n'est-ce pas un procédé hors du temps? Est-ce en suivant les lois de la matière qu'un être quelconque peut se jouer ainsi de ces mêmes lois? Non, évidemment; la puissance du vrai, en dominant le temps comme elle domine l'espace, se démontre sa nature, et se place sur un tout autre rang que la matière, sur laquelle elle règne.

Il est temps, mon fils, après ces discussions arides, mais nécessaires, de quitter les formes abstraites du raisonnement, et de tirer de notre examen une conclusion consolante. Si le flambeau de la science n'éclaire point notre marche et n'échauffe point notre cœur, à quoi nous servent ses rayons? Ils sont nuls pour nous, comme dans les plaines du Nil ces monumens perdus dans les sables, qui reposent inconnus sous les pas du voyageur.

Voici, mon fils, la première conclusion que nous déduisons de notre examen; elle est vaste, elle est grande, et nous encouragera pour l'avenir. Les puissances de l'âme sont hors du temps et de l'espace; elles nous offrent une foule de propriétés non pas supérieures, mais opposées à celles de la matière; donc elles sont immatérielles dans toute la rigueur de l'expression. Je regarde donc le non matérialisme des puissances de l'âme comme une chose démontrée.

La vie de l'homme le tient ici en présence de l'univers extérieur. Les puissances de l'âme communiquent avec cet univers, par le moyen de l'appareil des sens et de la sensibilité; tantôt elles acceptent simplement les idées qu'elles reçoivent des sensations : tantôt, pour mieux établir leurs rapports, ou pour les rappeler, elles entrent en souveraines dans l'espace et dans le temps, et y déploient leur toute-puissance. A la cessation de la vie, la sensibilité, véritable canal de communication entre nos puissances et l'univers, est rompu; mais cet événement n'affecte aucunement l'âme, qui, ne possédant aucune qualité de la matière, reste en dehors de tous ces accidens. Je compare l'action de la mort à un événement complétement indifférent pour les facultés. L'idée du moi persistant toujours est la preuve de leur indifférence au milieu des souffrances de la chair et des angoisses corporelles de la dernière heure.

Nous sommes donc dépositaires, mon fils, d'une particule immortelle; quelque chose existe en nous qui échappe au tombeau. Personne ne meurt tout entier. Mon fils, repose ton âme dans cette grande espérance. Et, dans ce que nous disons ici, il n'y a rien ni d'un sentiment de frayeur, ni d'intérêt.

Le philosophe rejette le matérialisme, non parce qu'il est effrayant, mais parce qu'il est faux.

Quelle idée pourrons-nous donc nous former de cet être singulier, l'âme humaine, et de la nature de la puissance du vrai? Immuable, une, immortelle, en quoi consiste, où réside cette chose étonnante, cette étincelle, ce point qui rayonne avec tant de splendeur? A quel fait pouvons-nous comparer cette puissance qui plane sur l'univers? Où est l'image de son éternité? Dirons-nous qu'elle ressemble à l'océan, dont les flots sont toujours jeunes et majestueux, à ces montagnes dont le front éternellement serein plane sur tous les nuages des vallées, ou à ces forêts antiques dont l'ombre est si imposante, et qui ont bravé, depuis tant de siècles, la foudre et les orages? Comparerons-nous l'âme humaine à l'aspect de ces vastes plaines, de ces déserts, de ces savanes dont l'œil n'aperçoit pas la limite? Dirons-nous qu'elle ressemble à ce beau ciel, à ce firmament d'étoiles? ou plutôt, empruntant les leçons des sages, comparerons-nous notre âme à ces lois qui gouvernent le vaste ensemble de l'univers, et conservent l'harmonie du monde? Combien toutes ces choses sont loin de sa grandeur! Il faudra dire plutôt que sa force, son activité, ses lois ressemblent aux sentimens du cœur, aux saintes émotions de l'amour et de l'amitié. Ainsi, mon fils, resserrés dans un cercle nécessaire, nous comparons l'âme à elle-même ; elle seule peut servir de type à ce qu'elle est ; nous lui empruntons un de ses caractères pour dépeindre son image, comme ces peuples qui, pour donner l'idée du soleil qu'ils adoraient, faisaient descendre un de ses rayons sur leurs autels. »

V.

« Déjà, mon fils , nos réflexions en philosophie sónt assez complètes pour nous permettre de jeter un regard en arrière , et de récapituler ce que nous savons. Beaucoup d'autres phénomènes nous restent à expliquer , beaucoup d'autres doutes nous restent à éclaircir. A mesure qu'on avance dans la carrière , de nouvelles vérités se présentent clairement , et aussi de nouveaux faits commencent à poindre dans un obscur lointain. Satisfaite de ce qu'elle sait , mais plus impatiente de ce qu'elle ignore , notre âme paraît s'élancer vers la vérité qui l'attire. La philosophie est comme cette voûte des cieux , immense , sublime , qui s'étend autour de l'univers , dont les aspects changent suivant le point d'où on l'admire , qui assidûment explorée environne le monde d'une splendeur éclatante , et cache encore bien des merveilles à l'œil le plus vigilant.

Nous avons essayé d'abord de jeter les bases de la philosophie. Nous avons commencé par poser quelques principes qui révolteront bien des préjugés. Distinction complète entre la sensibilité et l'intelligence , entre les sensations et les idées;

existence d'une puissance du vrai , guide et arbitre de nos jugemens , voilà la substance de nos premières méditations , et nos premières lumières.

Nous devons en profiter pour nous avancer encore ; et après avoir reconnu que le temps et l'espace sont les caractères des phénomènes extérieurs et servent à les fixer , demandons-nous maintenant quels sont les caractères et les lois des puissances mêmes de notre âme. Ici la question est permise ; mais il se peut que la solution devienne impossible.

Nous pouvons reconnaître les lois et les caractères des phénomènes , parce qu'ils sont soumis aux puissances de notre âme , et que le flambeau du vrai peut entrer et peut luire dans l'univers. Mais à quelle lumière jugerons-nous ce flambeau lui-même ? Possédons-nous , au-delà de la puissance du vrai et plus haut qu'elle , une autre puissance , sa légitime souveraine , qui puisse l'examiner et la juger ? L'expérience de notre âme lui fait voir que nous ne possédons rien de supérieur à elle ; car ceci reviendrait à juger non pas les phénomènes , les idées et leurs rapports , mais les puissances mêmes qui jugent tout le reste ; c'est la grande question de l'essence même des puissances de l'âme. C'est déjà une chose fort remarquable , que de pouvoir faire cette question hardie ; mais, pour y répondre , il faudrait juger la puissance du vrai. Ici , toute juridiction se trouve épuisée. A peine ose-t-on entre-

voir dans un lointain obscur les questions qui s'é-
lèvent l'une après l'autre. La créature, effrayée de
ses propres forces, est telle qu'un voyageur saisi
d'admiration au sommet de nos montagnes.
Comme ces coursiers du soleil qui s'irritaient
d'impatience en traversant les cieux, l'âme décrit
la plus noble course, et voudrait s'élever encore.

Les puissances de l'âme n'ont aucunement des
propriétés que nous puissions apprécier, comme
nous apprécions les propriétés de l'univers extérieur. Ces dernières, sous la forme d'impressions,
sont reçues dans notre sensibilité, en dépôt; elles
sont transformées en idées dans notre raison,
et définitivement jugées par nos puissances. Pour
sentir, il faut des organes; pour connaître, il
faut des idées; pour juger, il faut une raison : où
sont les organes, les idées, et le tribunal d'où
pourrait ressortir l'âme intime elle-même?

L'âme a cependant des caractères, mais il n'est
aucune loi expérimentale à laquelle on les puisse
rapporter. Le temps et l'espace ne leur conviennent
nullement, puisque c'est pour l'âme une concession que d'y apparaître. Devons-nous ainsi rester
dans une nuit complète sur tous les caractères de
l'âme elle-même? Son essence nous restera-t-elle
pour toujours et complétement inconnue? Non,
mon fils. Des grands phénomènes, que nous ob-
serverons plus tard, les plus impressifs de tous
ceux de l'univers, serviront à jeter quelques
lueurs sur ces grandes questions.

6

Tout ce qu'il est permis de dire en philosophie,
dès ce moment, c'est que la puissance du vrai,
que nous portons en nous, nous est révélée, et
se fixe par la conscience même de son exercice.

Mais si cette force ne peut nous être connue
distinctement en elle-même, il importe pour la
théorie de diviser nettement la sphère de son action de celle de la sensibilité, et de définir par leurs
propriétés ces deux forces distinctives, qui créent
en nous un véritable être double.

Après avoir isolé la faculté du vrai des liens
de la sensibilité, nous voyons d'un regard que
tout terme de comparaison nous est refusé. Mais
notre esprit résiste à cet isolement, et dans l'absence de toute lumière intime, nous pourrons en
obtenir un peu en rapprochant la puissance du
vrai de ce qui n'est pas elle.

Un trait général tranche la sensibilité d'avec
la raison ou puissance du vrai. La sensibilité ne
possède elle-même aucune propriété active. Elle
est douée uniquement de la faculté de recevoir.
Comme a dit une école, elle est une réceptivité.
L'âme tout entière est bien loin de pouvoir être
comparée à la tablette de cire de Platon; la
puissance du vrai est au contraire une force
éminemment active et permanente; c'est la sensibilité qui est la vraie table rase, qui peu à peu
se couvrira de sensations. La puissance du vrai,
au contraire, est éminemment active. Elle juge,
elle réfléchit, elle se ressouvient. La sensibilité

est exposée sans défense à l'univers. La puissance du vrai non-seulement brave l'univers, mais le juge. La sensibilité est passive : elle accueille tout ce que l'extérieur, le non moi lui adresse ; c'est la bouche de fer, à Venise, qui recevait aveuglément tout ce qu'on y jetait. La sensibilité est esclave, la raison est roi. Cette grande séparation était nécessaire dans l'univers moral. Nous verrons que sans elle le nom de vertu ne serait qu'un mot. Pour que la raison pût régner sur l'extérieur et gouverner les causes des passions, il fallait nécessairement qu'elle eût le pouvoir d'apprécier les impressions d'après l'unique sentiment du vrai. Il fallait que ce sentiment fût d'une nature simple, unique, non composée. Aussi la raison envisage les faits de la sensibilité sur un autre terrain qu'elle-même. Aussi la puissance du vrai, pour juger la sensibilité, devait commencer par en être affranchie. Un être, une puissance, qui juge les images produites dans l'œil, ne pouvait être l'œil lui-même ; il fallait qu'il fût hors de l'œil, et qu'il en fût complétement et souverainement indépendant.

Si la sensation porte le joug et subit les conditions de l'extérieur, la raison est libre. Son essence est de tout envisager froidement. La sensibilité est craintive et timide ; elle ne peut déguiser ce qu'elle ressent, ni souhaiter, ni espérer. La puissance du vrai se recueille derrière elle, et rectifie ses craintes comme elle calme ses douleurs. La sensation ressemble à un homme qui lutte contre les flots, livré à toute la tempête : la raison est un homme sur le rivage, qui juge les dangers avec calme, leur porte remède, ou nous apprend à les supporter.

La raison, ou la puissance du vrai pure, paraît exister avec la même intensité et la même force chez tous les hommes, sans aucune distinction. Le bon sens nous appartient à tous, mais la sensibilité varie beaucoup de l'un à l'autre ; c'est l'attention, la méditation, la mémoire, qui font les différences. Et que sont ces facultés ? de quelles conditions dépend leur essor ? Elles dépendent de la facilité avec laquelle les diverses puissances du vrai entrent dans le temps et l'espace, pénètrent dans l'univers, l'inspectent de plus près, et par leur action puissante le contraignent à se révéler. Aussi, indubitablement, le génie, dans les sciences, c'est une énorme force d'attention ; dans les arts, le génie est autre chose, et résulte de lois beaucoup plus profondes et que nous devons étudier. Mais dans toutes les connaissances composées de faits et de lois, le génie, c'est l'abstraction requise pour ne voir qu'un phénomène à la fois, c'est l'attention requise pour le voir long-temps, et puis après, le simple bon sens fait éclore les théories, expression des faits. La grande attention fait les grands hommes.

La raison est indépendante même des maladies; elles affectent les organes, elles attaquent les forces vitales, elles vicient la sensibilité. Alors de trompeuses images se présentent, des spectres apparaissent au malade en délire; mais la puissance du vrai juge toujours sainement ces matériaux trompeurs de la sensation. Elle suit comme à l'ordinaire ses procédés intellectuels. Seulement, les organes affectés et la sensibilité malade ne lui fournissant que des images tantôt monstrueuses, tantôt vagues, tantôt fausses, tantôt fantasques, la puissance du vrai, réduite à juger des matériaux informes, se trouve devant un univers monstrueux. De là, la *folie*, état de chaos des sensations, chaos que la puissance du vrai ne saurait débrouiller, tant que la sensibilité lui transmet une image fausse du monde extérieur.

Voilà donc un état où les sensations sont pour ainsi dire plus fortes que la raison; celle-ci est impuissante pour mettre l'ordre dans tout cet univers de sensations exagérées, ou étranges, ou fausses. Tout ce qu'on peut exiger de son ministère, c'est de juger sainement du rapport des sensations; mais elle n'a pas de moyen pour vérifier si ces sensations en elles-mêmes ont été mal dirigées par l'univers, ou faussement perçues par la sensibilité. Le vrai croit à ce que la sensibilité lui montre, et la créature est folle dès qu'une sensibilité infidèle trompe sa raison. Arrivé à ce point de nos réflexions, mon fils, nous allons voir s'ouvrir une route instructive.

Cet examen nous mène à conclure que la sensibilité, comme introductrice des sensations, peut très-bien être viciée par sa liaison avec des organes malades. Il nous apprend aussi que la raison, dont la nature est immuable, arrive à des conclusions justes, mais avec des principes faux. Un fou croit voir un *lion*, un *précipice;* il a très-grand tort : mais une fois que la sensation fausse est reçue, le fou a peur ; il a très-grande raison. Un fou s'imagine qu'il est *roi;* en cela, il se trompe : mais, cette conviction acquise, il exige des hommages; en cela, rien que de raisonnable. Donc, dans la folie même, la plus haute puissance de l'âme, celle du vrai, reste toujours la vérité, et toujours pure.

Nous devons conclure encore de ces réflexions, et c'est la conséquence la plus importante que nous en puissions tirer, qu'il faut distinguer plusieurs espèces distinctes de vérités. La vérité est une, dit-on : mon fils, c'est un principe que je rejette.

Il existe dans l'univers, extérieur à notre âme, des faits quelconques; ces faits, *exactement* appréciés par la sensibilité, deviennent des sensations *exactes;* voilà un premier ordre de vérités. Ensuite la sensibilité peut être malade; les sensations qu'elle transmet sont *fausses,* ou même complétement altérées ; mais elles n'en sont pas moins vraies, envisagées dans la sensibilité; voilà un second ordre de vérités.

Vient alors la raison, dont le ministère est d'établir des rapports ; que les sensations qu'elle juge soient exactement rendues ou altérées dans leur passage au travers de la sensibilité, la raison ne décidera pas moins avec la dernière justesse sur leurs rapports. Dans les deux cas, la raison aura raison ; voilà donc un troisième ordre de vérités.

Tous ces ordres de faits seront vrais, absolument parlant ; mais leur application au jugement du vrai sur l'extérieur pourra bien être erronée. Un jugement sur les phénomènes est une chose complexe. Il suppose l'harmonie entre divers appareils distincts ; pour cela, il faut que la puissance du vrai juge et les faits et les rapports, et antérieurement il faut que les sensations soient l'expression exacte, et non la copie maladive de l'action de l'univers.

Après avoir établi que l'état d'aliénation provient du désordre de la sensibilité, nous devons nous demander, de même qu'il existe un état où les sensations deviennent altérées par le corps au point que la puissance du vrai ne peut dissiper leur illusion, nous devons rechercher si, d'un autre côté, il n'existe pas un état tout contraire, un état où les sensations s'affaiblissant beaucoup, ou disparaissant, la puissance du vrai les domine à son tour, et en quelque sorte se bâtit avec elles tout un nouvel univers, fort grand et fort étrange.

Mon fils, cet état existe, c'est le sommeil ;

alors la sensibilité est tout-à-fait suspendue. La lumière perce le voile qui protége les yeux, les bruits arrivent comme toujours dans l'oreille, les phénomènes du tact nous environnent de toutes parts : la créature est étrangère à tout ceci; de toutes parts il y a *impression*, mais il n'y a aucune sensation. La sensibilité est suspendue et morte.

Mais, dans cette léthargie du corps, la puissance du vrai, puissance éminemment vigilante et active, veille au-dedans de notre âme. Elle n'est plus en présence de la sensibilité. Alors elle reprend les idées qu'elle avait reçues dans l'état de veille, et comme elle n'a plus le frein de la sensation régulière, comme elle échappe à l'action du monde extérieur, alors, sortant du temps et de l'espace, elle traite les idées suivant ses propres lois. Abandonnée à elle-même, et à elle seule, elle produit des phénomènes singuliers, presque toujours bizarres, monstrueux, gigantesques, enfin les rêves.

Les rêves, envisagés sous un certain rapport, sont une véritable mémoire; car jamais l'âme ne rêve exactement que de ce qu'elle a vu et de ce qu'elle sait. Mais avec cette considération seule, on essayerait en vain d'en établir la théorie. Les rêves sont bien plus que de la mémoire. Ils sont l'action de la puissance du vrai, quand la sensibilité est suspendue.

Cette suspension de sensibilité est toujours

suivie d'une conséquence infaillible ; c'est que dans ce cas la puissance du vrai ne se gouverne plus que suivant ses lois propres. Quand on cesse de sentir, c'est pour le vrai un instant de liberté. Et il ne faut pas croire que cet état ne puisse être amené autrement que par le sommeil. Une foule de causes peuvent nous rendre étrangers à ce qui se passe autour de nous. Une attention très-soutenue, une méditation suspend toutes les sensations. Une distraction forte est un véritable rêve. On est préoccupé; la puissance du vrai est libre; le corps n'est rien, et celui qui tire la créature de sa distraction la rend avec violence aux sensations, et la rejette dans l'univers extérieur. L'extase religieux, les élans du mysticisme, la contemplation, toutes ces choses ne sont que des moyens divers par lesquels la créature suspend sa sensibilité et se livre aux seules puissances de l'âme. De là, cet état de langueur, d'exaltation, où se plongent les créatures, qui font ainsi taire leurs sens; état délicieux et vague, qui prouverait à lui seul l'immortalité de notre nature, parce qu'il nous fait éprouver des impressions d'autant plus vives, que le monde semble fuir plus loin à nos regards.

Cet état d'*extase* ou de *contemplation* est le caractère des convictions fortes. Tout poète tendre et rêveur, tout sectaire enthousiaste et éloquent, sait presque à volonté se détacher du monde réel, et s'ouvrir une source de rêveries où l'énergie de la volonté se retrempe ou se rallume. C'est au sortir de ces états que les hommes forts agissent le plus vivement sur la multitude, et ce génie familier, ce démon, que plusieurs ont appelé à leur aide, n'était autre chose que leur extase personnifiée et revêtant les formes d'une créature active.

Nous verrons que l'admiration, l'héroïsme, et tout l'idéal, tendent aussi à combattre la sensibilité, en faisant naître les plus grandes impressions.

On voit ainsi dans les rêves une classe nombreuse de phénomènes, où les puissances de l'âme sont en jeu, à part de la sensibilité. Dans cet état, elles sont maîtresses absolues de tout ce que la créature a acquis d'idées, elles ne sont plus, pour ainsi dire, obligées d'attendre que la sensibilité leur transmette lentement et régulièrement les impressions du monde extérieur.

Dans cet état, les puissances de l'âme n'étant plus contraintes de se régler sur la sensibilité; on peut dire que, par rapport à l'extérieur, les puissances de l'âme deviennent *folles*, c'est-à-dire qu'elles méprisent l'extérieur, et l'univers, comme il existe réellement.

Voilà, mon fils, ce qui nous explique pleinement l'incohérence et souvent l'absurdité des rêves. Les puissances de l'âme n'étant plus en présence d'un monde réel, elles sont réduites à leurs lois propres; alors elles planent au-dessus du temps et de l'espace. Il n'y a plus rien d'impossible et de contradictoire pour elles. Alors, disposant d'une foule d'idées acquises, et libres du contact d'un univers qui les rappellerait sans cesse aux choses réelles, elles se créent les spectacles les plus étranges, les plus vastes. De là, la tendance constante des rêves vers le grand, vers le terrible. De là, l'idée de superstition et de présage que tant de peuples y ont attachée.

Ces deux états opposés d'*aliénation* et de *rêve*, états où la créature se conduit d'une manière inapplicable à l'univers actuel, forment par leur incohérence et leur étrangeté, dont nous avons la conscience, une preuve frappante de l'existence réelle d'un univers hors de nous, soumis à des lois qui, étant rationnelles, démontrent par là et son existence rationnelle, et l'existence rationnelle de la sensibilité comme de la raison.

On voit donc qu'il y a une analogie de l'ordre qu'on pourrait appeler *contradictoire*, entre la folie et les rêves. La folie est produite par des sensations monstrueuses, par une sensibilité très-exaltée. Dans le rêve, au contraire, c'est la raison qui prend le dessus sur les sensations. C'est une raison très-exaltée. Ainsi l'homme qui est aliéné et l'homme qui rêve, conservant tous deux leur raison, sont cependant tous les deux fous, par rapport à l'ordre des choses de ce monde.

Cette théorie explique les rêves ordinaires et communs : mais elle ne suffit pas pour rendre compte d'une classe de rêves et de phénomènes de maladie, où le vrai, abandonné à toute sa liberté et saisissant toute sa puissance, se crée à lui-même les tableaux les plus compliqués. Par exemple, la créature va se croire au milieu d'une immense bibliothèque, va lire tous les titres, et feuilleter des volumes énormes qu'elle n'aura jamais vus. Ces phénomènes sont d'un autre ordre, et dépendent des états antérieurs d'existence où l'âme a pu être placée. Ils sont des débris de souvenir de ce passé mystérieux qui précède notre venue dans ce monde.

Cette discussion, mon fils, va nous fournir de nouvelles lumières sur la nature même de l'homme, que nous essayons de découvrir.

De ce qu'il est démontré que l'état d'exaltation de la sensibilité par une maladie, ou de la raison par son indépendance complète, procure les tableaux les plus étranges, il est clair que la légitimité et la sûreté de nos jugemens doivent nécessairement dépendre d'un certain rapport entre la sensibilité et la raison.

La raison, en effet, est tellement faite, que ses opérations paraissent avoir besoin d'être contrôlées par la sensibilité, laquelle, dans tous les cas, est elle-même jugée par la raison. Ceci ressemble à cette législation des pays les plus éclairés, où le juge et l'accusé s'inspectent et s'avertissent l'un l'autre. La sensibilité est soumise aveuglément aux lois de l'extérieur; mais pour que la raison puisse prononcer avec justesse sur un principe de notre conduite , il est indispensable que les sensations se présentent à la barre du vrai , comme les représentans légitimes et fidèles des lois de l'extérieur , qui les ont envoyées.

La sensibilité ressemble au lest d'un navire , qui rend sa marche plus pesante , mais aussi bien plus régulière ; la raison ressemble au vent qui souffle avec violence , et qui , s'il n'était modéré , briserait le vaisseau en le faisant aller trop vite.

La raison est donc faite de manière que ses arrêts peuvent s'adapter aux formes sous lesquelles la sensibilité se présente à elle.

Il y a donc un rapport constant , une harmonie entre la sensibilité et la raison.

Cette harmonie est de la nature la plus délicate. Si la sensibilité s'altère ou que la raison s'affranchisse , tout devient immense , vague , incompréhensible , inapplicable à l'univers extérieur actuel. C'est cette harmonie qui rend possible la communication de deux univers essentiellement différens. C'est elle qui rend possible la vertu, l'héroïsme , la mélodie , l'admiration , comme choses réelles, répondant à quelque chose hors de nous. Elle est donc le type et la cause de toute vérité , et de toute possibilité de vérité dans cet état d'existence. D'où peut venir cette harmonie ? Est-ce des sensations et de l'univers ? Non , car ce n'est que par cette harmonie que nous sommes sûrs de les bien apprécier. Est-ce de l'âme et de ses profondeurs ? Non , car l'âme ne possède que ses lois, et elle n'a rien qui soit la cause de leur harmonie avec des choses aussi étrangères que les sensations. Nous voyons bien la lyre et ses cordes, mais c'est l'harmonie de l'instrument qui nous émeut, dont le secret nous échappe.

Il y a donc, au-delà des sensations et de l'univers, hors du temps et de l'espace, au-delà des puissances de notre âme, une grande harmonie, qui rend possible la connaissance de la vérité. Mon fils, prosternons-nous ! C'est ici la première manifestation de Dieu. C'est un seul rayon du grand Être. A mesure que nous avancerons, nous verrons ainsi apparaître des signes de plus en plus manifestes, qui accroîtront l'évidence de l'essence divine, jusqu'à ce que le jour céleste, éclairé des merveilles de la nature et des pouvoirs du génie, se lève dans son entier. »

VI.

« Jusqu'ici nous n'avons fait que poser des principes. Énumérer les puissances de l'âme, les séparer de la sensibilité, définir les caractères de ces deux ordres d'êtres, les étudier les uns dans le temps et l'espace, les autres privés de ces conditions, constater l'apparition passagère de la puissance du vrai dans les conditions de l'extérieur, établir les caractères de ces deux êtres et leur harmonie, tel a dû être, mon fils, le premier objet de nos réflexions.

En nous livrant à cet examen, nous n'avons fait que préparer la voie aux applications de la philosophie, laissant libre devant nous le vaste champ de la morale et des arts.

A mesure que des régions élevées de la théorie pure nous allons arriver aux questions d'expérience, à ces sujets favoris des méditations de la grande majorité du genre humain, nous aurons mille occasions d'estimer la valeur de nos premiers principes, comme l'on doit juger l'état prospère d'une nation non-seulement par les lois qui gouvernent l'ensemble, mais par les réglemens de détail et l'état des chaumières.

Voyons donc maintenant non plus quels sont les *caractères*, mais quels sont les *produits* de la puissance du vrai et de la sensibilité, qui doivent s'offrir à nous. De tous les exercices de la raison et de la sensibilité, il n'en est point de plus vaste et de plus honorable pour l'homme que cette puissance de son esprit qui lui a permis de donner un nom à tous les êtres et à tous les sentimens. En établissant cet instrument merveilleux appelé un langage, l'homme fonde tout ce qu'il y a de de plus durable sur la terre. Une belle langue est revêtue de toute l'immortalité dont il puisse disposer.

La puissance du vrai applique les divers sons de la voix, *organe*, aux faits que lui présente l'univers, aux *sensations*, aux *idées*, dont il a la conscience.

Telle est la première origine d'un langage; mais y a loin de là à la constitution régulière de la langue d'Homère ou de Milton.

Les sauvages de la Nouvelle-Hollande, qui frappent l'air d'un petit nombre de sons rauques, et qui s'entendent à peine entre eux, s'éloignent autant de la langue perfectionnée d'un peuple poli, que les huttes dégoûtantes qu'ils habitent sous terre, comme des reptiles, diffèrent des splendides palais de l'Europe.

Nommer des objets, en leur appliquant des sons physiques, est un procédé très-élémentaire; mais écrire ces sons, et peindre la parole, surtout inventer un système régulier de formes grammaticales, c'est une entreprise qui a paru à beaucoup de philosophes surpasser les forces de l'intelligence humaine.

Nommer des objets est chose facile; transformer les sons en figures, et convenir que telle image retracera tel son, est encore concevable. Les Chinois paraissent s'y être arrêtés, du moins en partie. Mais inventer une série limitée de sons, appelée un *alphabet*, les peindre et en faire des *images sonores* ou lettres, qui dans tous les cas serviront pour tous les autres *sons* ou *mots*, circonscrire leur excessive abondance par des formes grammaticales positives, et des inflexions variées, voilà sans contredit un travail d'Hercule.

Toutefois ce travail ne paraît pas avoir pu exiger plus de peine que la découverte de la gravitation ou des lois de l'électricité.

Rien ne se découvre d'un seul trait; c'est le genre humain en masse qui fait les découvertes. Les hommes se succèdent et se pressent dans les tombeaux, mais leur génie est un produit de la race tout entière, et la race ne meurt jamais.

Hors un très-petit nombre de mots de pure conscience, tous sont empruntés à l'univers extérieur.

On peut dire qu'il n'y a pas autre chose que des mots physiques. Dans tous les mots quelconques, si l'on en connaissait l'origine, on trouverait une image, même dans le langage des émotions internes des facultés. Le langage est une allégorie très-simple. Chaque mot est ou un objet physique, ou une émotion de l'âme peinte par un objet physique.

Pour dire le fait avec concision, tout langage est une symbolique. Le langage est la plus universelle et la plus simple des allégories.

Et comment serait-il possible que chaque mot ne fût pas une image? La puissance du vrai, pour peindre ses émotions, peut-elle disposer d'autre chose que des objets que lui présente la sensibilité?

Un langage ressemble à un tableau. Le sujet, le fond et les détails sont transmis par les deux univers du monde et de l'âme. Les couleurs lui viennent du monde physique seulement. La sensibilité est le moyen d'exécution, le pinceau; et la puissance du vrai, ici comme toujours, qui plane sur tout le reste, est la conception de l'artiste et l'arrêt du génie.

De nouveaux besoins intellectuels, comme la découverte d'une nouvelle substance, nécessitent de nouveaux mots. Il n'en faut proposer qu'avec beaucoup de circonspection, de peur d'augmenter le nombre des termes, que les philosophes emploient sans être bien d'accord sur les idées correspondantes : source fatale d'erreurs et de querelles. Nous verrons qu'il existe beaucoup de phénomènes de l'âme qui ne sont pas encore nommés. Il faut craindre toutefois d'abuser de cette ardeur de nomenclature. Les impressions internes sont des faits de conscience; ils sont souvent indéfinissables; souvent il faut les éprouver pour les connaître. Trop souvent encore un philosophe rêveur a pris pour des faits généraux des impressions exceptionnelles que lui seul éprouve. Il s'empresse de leur attacher une dénomination qui restera éternellement obscure pour les hommes, parce que pour l'entendre il faudrait que les *autres* fussent *lui*.

Le langage est un des plus tenaces produits de l'homme. Pour l'éteindre, il faut éteindre une race et tous ses héritiers, ce qui est à peu près impossible.

Comme une langue est pour tous les hommes d'une nation une propriété privée et commune, ceci explique un fait, sans cette considération, presque inconcevable : la persistance pendant plusieurs siècles de formes grammaticales identiques ou presque identiques, chez une immense masse d'hommes, si différens sous tant d'autres rapports.

Les causes qui troublent les habitudes, ou ce que l'on appelle la *pureté* d'un langage, ne peuvent être que fort lentes dans leur action, comme celles qui tendent à altérer la composition de l'atmosphère ou des eaux de la mer. Mais une grande révolution produit toujours un déluge de mots nouveaux.

De quelque manière que l'on explique historiquement les progrès et les migrations du langage, toujours la théorie indique un langage primitif. Rien de plus intéressant et de plus curieux que d'essayer de retrouver les débris de ce langage originel, au travers des formes variées qu'il a dû subir. Ce beau problème ressemble à ce procédé géologique par lequel on reconstruit des animaux perdus, en rassemblant leurs ossemens épars dans les roches. Qui pourra jamais nous montrer d'une manière certaine *l'air de famille* que les langues doivent avoir conservé?

Il n'y a eu sans doute qu'un seul langage, comme il n'y a eu qu'une seule espèce d'hommes. Les variétés sont venues déguiser les traits primitifs. Il est clair que les premiers mots furent de l'harmonie imitative; mais il fallait arriver aux formes grammaticales, et c'est ici que le pas fut immense. Si l'on pouvait, en abordant la question philologique, décider où les langues sémitique et mongole ont pris leurs formes, on fixerait d'une manière sûre le lieu où la race humaine a commencé. C'est de là, sans doute, que se laissant diviser par les migrations des peuples, elles ont marché en rayonnant dans plusieurs sens : car les langues de l'Asie ont un point de partage quelque part, comme les fleuves du plateau central, les uns aboutissent aux glaces du pôle, et les autres se versent dans les eaux chaudes de l'océan indien.

Enfin, mon fils, terminons nos courtes réflexions sur le langage par une seule remarque. Aucune étude n'est plus digne de fixer l'attention des philosophes, dès qu'on renoncera à étudier les langues simplement pour les savoir, et qu'on se donnera la peine de comparer les diverses familles et les systèmes principaux, dès qu'on recherchera avec soin l'immense variété de sentimens et d'impressions de l'âme, qui sont presque toutes, pour ainsi dire, inscrites dans le langage comme sur le plus durable granit; car un langage résiste presqu'à tout. On pourrait retrouver la langue latine sur les inscriptions tumulaires des Romains. Ce sont là, mon fils, de fertiles sujets que nous ne pouvons qu'indiquer. Notre but, dans ces méditations philosophiques, est moins de résoudre les problèmes que de les contempler; presque tout, j'allais dire tout, reste à faire, malgré quelques siècles de travaux. Nous venons ainsi d'étudier la sensibilité et la puissance du vrai dans l'exercice d'un de ses pouvoirs les plus étendus, les plus durables, et peut-être de tous les exercices de la raison le plus inséparable de l'homme.

Nous sommes d'ailleurs loin d'admettre le principe posé par quelques philosophes, que l'invention sublime du langage est ce qui assure à l'homme une place distincte des animaux les moins inférieurs à lui. Le langage sans doute est un produit immédiat de notre raison, et en conserve le cachet dans ses formes variées. Mais derrière le langage, comme derrière tous les produits humains, réside cette âme dont ils émanent, et dans les plus sublimes produits nous n'en voyons qu'un faible reflet. Ce n'est donc pas le langage qui doue l'homme de sa supériorité; c'est l'âme, qui produit le langage.

Nous devons porter ailleurs nos réflexions philosophiques et nous occuper de cette autre science, la plus admirable parce qu'elle est la plus certaine de toutes; la seule où l'on ne se trompe jamais, la seule où la puissance du vrai, sans passions, sans retour, sans faiblesse, ait tout marqué de ses indélébiles caractères. Je veux parler de la science de l'étendue et du temps, jugés au flambeau du vrai; l'infaillible et certaine science des mathématiques.

On peut dire que l'étude des mathématiques est le triomphe de la puissance du vrai. C'est avec elles et par elles que l'on peut étudier cette puissance le plus favorablement, parce qu'elles forment une science où cette puissance s'exerce seule à juger les phénomènes matériels de grandeur, ou en général de quantité.

D'où vient que les mathématiques sont si certaines? D'où vient qu'elles possèdent souverainement cette clarté, cette démonstrabilité par excellence que les sciences morales leur ont si souvent enviée, et qui a fait l'admiration des philosophes de tout temps? Chose bizarre, l'homme, mécontent des aberrations de la loi morale, désirait d'être mené par des lois irrésistibles ; il désirait d'obéir à des lois fixes et calculables, suivant des procédés tels que sa liberté eût été perdue. Cet être singulier n'avait pas songé que c'était souhaiter de devenir matière.

Essayons d'analyser la cause générale de la certitude mathématique, et nous verrons pourquoi nous devons être fiers que les autres sciences morales n'en puissent jamais approcher. Si l'homme pouvait devenir un être mathématique, ce serait le tombeau de sa plus noble activité. La puissance du vrai, comme nous l'avons vu déjà, reçoit de la sensibilité aveugle tout ce que l'univers lui envoie de sensations.

Cette puissance constate d'abord les propriétés essentielles des corps. Elle se borne à les constater. Ce sont pour elles des faits. Ces faits non démontrables sont ce qu'on nomme les axiomes.

Je définirais un *axiome*, en physique, le jugement pur de la puissance du vrai sur une propriété essentielle des corps. Jusque-là rien que de certain. Il n'est même ici aucune cause d'erreur. Le premier pas mathématique est assuré d'une manière complète. La pierre de fondation est la vérité même.

Ensuite, appuyée sur cette base infaillible, la raison avance, de position en position, sous l'unique guide de la puissance du vrai. En jugement mathématique, il n'y a ni influence, ni distraction, ni corruption quelconque. On n'obéit qu'à la pure vérité. Comment donc cette science admirable ne serait-elle pas certaine ?

D'ailleurs, elle exige la plus grande application. Il faut que l'esprit du mathématicien entre toujours dans l'espace et dans le temps, et, pour ainsi dire, y habite ; quelque compliqué que soit un théorème, ou une vérité de ce genre, c'est le résultat final, ou mieux l'ensemble de la question, qui est difficile à retenir, impossible même quelquefois à saisir tout entier. Mais les chaînons intermédiaires sont toujours évidens d'eux-mêmes et par eux mêmes. C'est une chose très-belle de voir ainsi le géomètre marcher à la solution d'une question très-compliquée, en y arrivant toujours par un très-grand nombre de propositions évidentes d'elles-mêmes. Sans aucun effort, sans aucune contrainte, la puissance du vrai s'abandonne à sa nature instinctive de vérité. Le calcul le plus vaste se compose, en dernière analyse, d'une longue série de petites opérations évidentes à tous les esprits, et les derniers élémens de toute supputation n'exigent aucun travail, et paraissent clairs à tous. Mais l'ensemble du problème n'en est pas moins immense, et d'une difficulté sublime. Toute l'astronomie, toutes les théories, tous les phénomènes de notre système planétaire ne forment qu'une seule question, qu'un seul problème. Mais il a fallu vingt siècles pour le résoudre , et il faut presque la vie d'un homme pour en comprendre la solution.

Dans les faits d'analyse, les formules ne sont pas claires en elles-mêmes. La puissance du vrai ne peut par la méditation entrer assez complétement dans le temps et l'espace , pour saisir d'un coup d'œil cette complication , fort grande quelquefois. Mais elle y est arrivée par une marche sûre, et en franchissant une foule de vérités dont elle a eu la conscience à mesure qu'elle les jugeait. Elle a contemplé chaque chaînon ; mais l'ensemble échappe aux forces de notre raison, dont le pouvoir d'entrer dans le monde extérieur et d'y régner, a nécessairement quelques limites variables , selon les individus. Ce que la science des mathématiques a de plus intéressant pour la théorie générale de la philosophie , c'est de déployer la puissance du vrái dans toute sa pureté. Ainsi on voit souvent un analyste perdre de vue complétement le point d'où il est parti , en en même temps ne pouvoir prévoir la conclusion vers laquelle il avance , et malgré cette double ignorance poursuivre sa route avec une admirable sûreté, et arriver aux plus beaux résultats. Le géomètre n'est jamais égaré. S'il commet une faute, il l'expie à la fin de son travail, et la conclusion à laquelle il arrive est contredite par les faits. Aucune science n'offre au même point ces caractères précieux, et il n'en est aucune où l'homme de génie, qui invente, grave ses découvertes plus sûrement et plus profondément pour la postérité. Si d'un côté nous avons admiré, mon fils, le résultat d'un procédé intellectuel où la puissance du vrai règne presque seule, d'un autre côté on ne peut nier la stérilité et souvent l'inutilité de ces recherches, quand on les applique à un monde où il y a toute autre chose que des vérités absolues et incontestables; il s'en faut de beaucoup que tout ce monde soit composé de faits aussi évidens et aussi incontestables, que ceux qui résultent des purs arrêts que la puissance du vrai prononce sur les propriétés et les lois du temps et de l'espace, première cause du peu d'application de la science mathématique au gouvernement de l'être moral.

Ensuite l'analyse suit des procédés sûrs, sans doute, mais inflexibles. Nulle considération ne l'arrête jamais. Elle est, dans toute la rigueur du mot, insensible. Souvent elle ne sait où elle arrivera, où elle se précipite. Le géomètre, muni de qualités pures, esclave de règles dont il ne s'écarte jamais, est entraîné à des conclusions fort étranges, pour ainsi dire à son insu. Pour lui, il n'existe au monde que des grandeurs et du calcul. Toute imagination, tout procédé de l'âme tendant à l'élever au-dessus de la substance douée de temps et d'espace, du monde matériel, lui est rigoureusement interdit. Il abdique ses principes de certitude absolue, s'il se permet un seul écart.

Cette habitude d'abstraction pure perfectionne merveilleusement l'art de raisonner, et lui donne une extrême sûreté de coup d'œil, et par cette seule raison l'étude des mathématiques devrait être obligatoire pour tous ceux qui sont appelés à prononcer sur des affaires délicates et importantes ; par exemple, pour exercer toutes fonctions de juges.

Mais cette même habitude d'extrême rigueur finit par isoler l'esprit, de l'univers réel, de l'univers moral, celui où il est le plus important pour nous d'être bien guidés. Le monde actuel, mon fils, est plutôt un monde d'exceptions que de certitudes. L'usage des mathématiques pures indispose le géomètre contre les êtres libres du monde réel, où aucune loi fixe n'est applicable.

Cette dernière considération nous fait voir combien *le calcul des probabilités* doit être appliqué avec précaution aux besoins sociaux, aux affaires morales, qui tous sont profondément atteints des traces de notre liberté. Le géomètre dispose sans fatigue ses colonnes figurées vers un but certain. Mais s'il veut les faire servir aux phénomènes moraux, alors naissent de toutes parts les contrariétés, les résistances, les oppositions individuelles, et tout calcul, toute possibilité de calcul lui est interdit. La certitude mathématique expire sous la liberté humaine.

Ce n'est pas une science peu importante, même en philosophie, que celle où l'âme, par un merveilleux pouvoir, a fait intervenir l'idée de l'infini dans les procédés mathématiques. Ainsi Newton et Leibnitz, faisant entrer profondément leur raison dans le temps et l'espace, ont appliqué à la matière l'idée intellectuelle de l'infini, et de cette conception audacieuse est né *le calcul infinitésimal*. En examinant de près ses divers procédés et toutes ses opérations si compliquées, on trouve que leur puissance et leur caractère se tirent de ceci, que l'âme admet dans un problème physique la condition de l'infini, qu'elle en poursuit les conséquences, qu'elle raisonne d'après cette donnée, qu'elle suppose dans la chose physique une condition d'*infini* qui n'est vraie que dans l'intelligence, et qu'en appliquant cette idée à la nature, elle s'élève aux plus grandes vérités, à des problèmes sans cela inaccessibles. L'*infini* lui sert de flambeau mystérieux pour éclairer le monde physique d'une lumière inaccoutumée. Nous verrons ce qu'il faut penser de cette notion extraordinaire introduite du monde intérieur dans le monde extérieur.

Ainsi les mathématiques sont loin d'être une science applicable en tous cas à l'être libre et moral. Réduites à elles-mêmes et sans application, elles ne servent guère qu'à fournir des instrumens futurs, mais incertains, aux besoins de l'homme. Elles servent alors uniquement à élever, à charmer notre âme par la sublime rectitude de leurs procédés si variés, et à plaire à la puissance du vrai par son exercice même. Leur dignité réelle, leur beauté, éclate surtout dans leurs applications aux sciences. Rien n'est attrayant comme de les voir s'emparer des données d'une question naturelle, y appliquer leurs règles immuables, et marcher ainsi à des conséquences de calcul, qui, traduites en faits, dévoilent et annoncent d'avance des phénomènes que rien ne paraissait indiquer.

Quel magnifique résultat de la puissance du vrai, s'élançant dans le temps et dans l'espace, y rencontrant les lois des corps, reprenant ces lois suivant ses procédés intellectuels, et prédisant les actions les plus lointaines avec une certitude que ne saurait diminuer l'effrayante distance des siècles qui nous en séparent.

N'est-ce pas une preuve démonstrative que l'âme humaine entre dans le temps et l'espace pour observer les phénomènes, et les en dépouilles ensuite pour les contempler dans un avenir qui n'existe pas encore pour eux. Ainsi, dans l'esprit d'un astronome moderne, le ciel entier existe comme il sera dans vingt mille ans. Et si l'on pouvait atteindre le dernier point d'avancement des sciences, si elles étaient arrivées à ce but vers lequel elles s'élancent de nos jours, tout pourrait être prédit; la pluie n'arroserait plus nos champs, la foudre ne gronderait plus, les flots ne seraient plus soulevés, sans que d'avance on pût fixer sûrement l'instant de ces phénomènes.

C'est ainsi, mon fils, que la noble intelligence

de l'homme règne sur la nature, parce que la nature est soumise à d'inexorables lois. C'est ainsi qu'elle se dévoile à elle-même l'espèce de nécessité qui enchaîne l'univers et tient en esclavage les étoiles, le soleil, aussi-bien que les atomes dont ils sont composés. Mais en même temps qu'elle voit la nature asservie à des lois fixes, elle se contemple elle-même, et jouit de sa liberté. Il est temps, mon fils, de nous occuper des faits nombreux où intervient ce pouvoir de liberté. Il est temps de contempler l'homme doué de sa liberté morale, prétexte du mal et source des vertus. Il est temps de voir la philosophie se compliquer d'une foule d'autres questions qui comprennent les devoirs, les affections et les plus nobles plaisirs de l'humanité. Tout ne sera point calme et certain, comme dans l'ordre de connaissances dont nous avons fixé quelques traits; mais les méditations où nous allons entrer, tristes à quelques égards, sont peut-être plus dignes encore d'arrêter nos réflexions. Mon fils, l'ordre moral est tout pour le bonheur; la poésie, les arts, l'imagination, l'idéal, la vertu, l'héroïsme y figurent tour à tour pour charmer notre cœur et pour l'inspirer. Si quelquefois les problèmes sont obscurs, et la solution lointaine et incomplète, les sujets où nous allons entrer, qui comprennent les qualités du juste et du beau, montrent toujours à l'âme sa destination, sa nature et ses vraies jouissances. Ils jettent un jour consolant et vif sur ses procédés et sa nature. Même dans ces phénomènes où les facultés de l'âme sont suspendues et leurs lois violées , on remarque encore , parmi le désordre , des traits qui en démontrent le saint et éternel empire , comme au travers des brouillards dangereux qui couvrent les montagnes , il arrive toujours jusqu'au voyageur quelques rayons échappés à la tempête qui gronde autour de lui. Nous découvrirons dans cette étude peu de lois positives et de prédictions sûres , mais quelques malheurs et quelques exceptions aux lois communes sont l'abus et non l'usage de la liberté. Sainte et toujours pure , elle gouverne l'univers moral. Ses ennemis s'arrêtent sur quelques ruines qu'elle laisse après elle , et dissimulent les vertus dont elle est si prodigue. Mais on ne peut en induire rien contre les lois libres de l'intelligence humaine. Ceux qui font remarquer ces écarts , dont il faudrait tâcher d'effacer la mémoire sur la terre , témoignent qu'ils craignent la liberté , tels que ces dieux de Virgile , qui redoutaient encore le jour dans les régions sombres qu'ils s'étaient choisies. »

VII.

« Nous n'avons considéré l'âme humaine jusqu'à ce moment que sous le point de vue seulement de sa puissance de vérité, ce sublime moyen de gouvernement sur le monde extérieur. Nous l'avons vue, appliquant pour ainsi dire son essence aux phénomènes, apparaître au milieu d'eux pour y régner. Mais il est temps d'étendre nos recherches et de nous élever davantage, car nous ne découvrons qu'une partie de l'horizon que nous pourrons embrasser plus tard.

Ce n'est pas tout d'avoir contemplé la puissance du vrai formant nos facultés par son mélange avec le temps et l'espace, donnant naissance aux sciences exactes et naturelles par son observation de l'extérieur, tantôt affranchie imparfaitement par le sommeil, et tantôt par la folie placée en présence d'une sensibilité dérangée ; il faut encore fixer les caractères et l'essence de la *volonté*, de cette sainte liberté humaine, qui nous assigne notre rang dans la création, et qui nous fournit le titre qui honore le plus notre existence.

Voici l'idée claire, complète, que l'on doit se

faire de la liberté, ou plutôt voici le point de l'âme d'où elle découle. Il est incontestable que la puissance du vrai et ses facultés, ce qui constitue la raison, a des lois propres. Ces lois résultent de sa nature même. Bien que cette nature nous soit inconnue, elle se révèle en nous par la conscience du vrai. Cette conscience ne peut désobéir à elle-même, en d'autres termes, la raison de toute créature est contrainte de céder à la preuve, et la preuve n'est autre chose qu'une conviction déterminée par le jugement pur et simple que porte la puissance du vrai sur un fait ou des rapports de faits. Il n'y a ici aucun fatalisme que celui qui veut que chaque être soit soumis à sa loi. La raison obéit à sa loi de vérité, comme la pierre obéit à sa loi de gravitation. Et on ne peut objecter la différence des jugemens portés par les créatures sur le même fait. La divergence n'a jamais lieu que sur des déductions, des conclusions à tirer, des décisions compliquées; et dans la chaîne des propositions, il en est toujours quelques-unes, dans ces cas, qui sont niées ou omises dans l'esprit qui les examine. Tous les hommes seraient d'accord sur la déduction à tirer de faits très-simples, parfaitement constatés, et contemplés du même point de vue. D'un autre côté, il arrive aussi le plus souvent que la sensibilité varie d'individu à individu. Alors, un même objet, la sensibilité variable le change pour chacun en apparences fort diverses. Ainsi, quelques hommes voient de loin des herbes entassées qui flottent sur la mer; les uns les prennent pour des poissons, les autres pour des navires ou pour des bateaux, et raisonnent en conséquence de ces images trompeuses. Chacun raisonne juste d'après ce qu'il a cru voir, et tous se trompent.

De ces réflexions nous tirons cette conséquence, que, dans aucun cas, la raison ne peut résister à l'évidence. Elle a beau vouloir l'éviter, l'évidence fait à la nature même de la raison un appel irrésistible.

Notre âme n'est donc point libre de trahir son essence, et de trouver *faux* ce que la même puissance de vérité, qui plane sur elle et sur l'univers, lui fait trouver vrai.

En quoi consiste donc la liberté?

Elle consiste en ceci, et c'est un caractère sublime, que notre raison, une fois dominée par la vérité d'une chose ou d'un rapport, n'est aucunement obligée de régler ses actions sur cette vérité même. Elle reconnaît la vérité qui la presse, elle le doit, elle y est forcée. Mais ensuite elle fait de cette vérité ce qui lui convient. Elle l'accepte comme une connaissance et non comme une contrainte. Elle se règle sur elle ou non. Ainsi, je ne puis m'empêcher de reconnaître que la flamme est ardente; mais je puis glorieusement me jeter sur le bûcher comme Molay. Il n'est point en la puissance de ma raison de nier qu'un abîme ne soit ouvert devant moi et qu'il m'engloutira; mais je puis librement m'y précipiter.

Loin donc que la liberté humaine soit esclave des motifs, elle les dédaigne souverainement. Loin donc qu'elle prenne leurs ordres, souvent elle ne les contemple que pour les mépriser.

On peut donc acquérir des notions claires de la liberté des puissances de l'âme. La liberté est leur acte d'indépendance de la sensibilité et de l'univers. Si la sensibilité est tenue à leur présenter les impressions réduites en sensations; si elles-mêmes sont tenues à raisonner juste sur ces sensations réduites en idées, au moins les conclusions qu'elles en tirent n'enchaînent aucunement la créature; elle reste libre non de les rejeter ou de ne pas les croire, mais de les suivre ou de ne les suivre pas.

Comme tout se tient et se fortifie dans la théorie! et quelle nouvelle preuve que la raison est complétement distincte de la sensibilité! En vain l'univers envoie à la créature toutes les impressions que son immensité recèle, et avec des caractères d'évidence qu'elle reconnaît à l'instant; la créature, subjuguée par la vérité, ne peut la méconnaître et s'y soustraire, mais elle peut se conduire comme elle le juge à propos; elle méprise les effets de l'univers, et c'est dans ce sens que nous sommes beaucoup plus grands que lui, étant libres.

Ce principe de liberté, totalement inapplicable

et aux phénomènes et à la sensibilité, classe à l'instant les puissances de l'âme dans le rang où elles sont. L'univers est magnifique, et ses merveilles sont grandes; mais le caractère de liberté de la plus humble créature la rend plus grande que l'éclat du soleil et que la majesté de l'Océan.

Nous avons posé en principe la dissemblance des puissances de l'âme et de l'univers, et cela est si vrai, ces deux classes d'êtres sont si dissemblables, que, par sa liberté, l'une proteste souvent contre les arrêts de l'autre. La liberté traite l'univers extérieur comme elle le veut bien. Elle contemple l'univers, et, après l'avoir vu, elle ne s'obéit qu'à elle-même. En présence de l'univers, elle rejette l'univers.

Ce caractère de liberté, cet acte d'indépendance de l'âme humaine n'est pas une propriété nouvelle, une force de plus, qu'il faille reconnaître en nous. C'est un des caractères de la puissance du vrai et des autres puissances de l'âme; c'est un de leurs modes d'être.

Mais cette liberté des puissances de l'âme, expression d'un de leurs caractères les plus élevés, doit nécessairement cesser d'être une propriété vague, inapplicable au monde extérieur des phénomènes; elle doit donc prendre une forme, se réaliser, pour ainsi dire, et entrer dans le temps et l'espace. Alors elle prend sa place dans le *moi* et devient la *volonté*.

La volonté n'est donc que le caractère saint et

pur de la liberté des puissances de l'âme, s'appliquant au monde des phénomènes ou de la sensibilité. La volonté est le ministre de la liberté, ou plutôt son expression, en tant qu'elle se conduit non pas comme l'univers veut, mais comme elle veut elle-même.

Voici donc, mon fils, la grande conclusion à laquelle nous sommes conduits. Ce n'est pas tout que notre âme possède une puissance de vérité qui lui donne le droit de juger les choses et les rapports, elle a encore en elle un principe d'*activité*, par lequel elle jouit du droit singulier de ne pas suivre les lois qu'elle-même a reconnues; si elle peut les reconnaître, elle peut aussi les violer; mais si elle peut violer ces lois, elle ne peut point nier ces mêmes lois. L'âme est esclave du vrai, mais elle est souveraine de tout, quant à sa conduite. Sa conduite ou son activité émanent d'elle, et d'elle seule. Sous ce rapport, l'âme est souveraine absolue.

Etudions maintenant un autre ordre de faits d'un intérêt de philosophie qui égale leur importance pratique. Je veux dire les faits qui se rattachent à l'idée de devoir, de vertu, de morale.

Cette étude est la division la plus importante, et heureusement la partie la plus claire de la théorie.

D'abord, on peut se demander ce qui arriverait si nous n'avions de puissance que celle du vrai; dans ce cas, nous pourrions tirer des conclusions logiques, et voilà tout. Jamais à nos pures idées de raisonnement ne se mêlerait aucune idée de devoir, de moralité, de repentir, d'admiration, de beauté. Rien de ce genre ne serait excité en nous par la nature. Nous pourrions être mathématiciens, géomètres, naturalistes, géographes, nous ne serions jamais ni poètes, ni peintres, ni musiciens, ni moralistes.

Mais nous possédons une autre puissance qui permet que des jugemens d'une tout autre nature viennent s'ajouter aux purs jugemens du vrai.

La théorie doit s'occuper de démontrer l'existence de cette puissance nouvelle, qui ouvre un vaste champ à l'esprit humain. Chez les hommes de tous les temps et de toutes les nations, on peut faire le raisonnement suivant. Une action se passe devant nos yeux : cette action envoie d'abord à la sensibilité des impressions qu'elle reçoit, qu'elle transforme en sensations, lesquelles, admises plus loin dans l'âme, deviennent des idées. Ces idées, comme toutes les autres, sont appréciées aussi par la puissance du vrai; mais voici le caractère spécial de l'ordre d'idées que nous observons ici. Elles sont tellement faites qu'elles excitent toujours en nous la conscience, le sentiment d'une obligation, d'un devoir, d'une loi. Pour établir sans réplique ce fait des jugemens moraux, il suffit de remarquer qu'une foule d'actions, qui nous envoient les impressions de forme, de distance, de couleur, enfin qui excitent en nous des opérations purement logiques, font aussi naître, et en même temps, en notre âme, des impressions morales, impressions que nous ne sommes pas maîtres d'étouffer.

Si je me représente un quelconque de ces faits, par exemple le fait d'un vieillard courbé par les années, qu'un jeune homme outrage, et que j'examine ce fait logiquement, je n'y trouverai jamais qu'un fait physique qui se présente à moi par les sensations qu'il m'envoie et les idées qu'elles excitent. C'est là un fait comme un autre, comme le mouvement de deux corps, comme tout phénomène naturel.

Est-ce à dire cependant qu'il dépende de moi de n'y voir qu'une pure action physique. Non, nous sommes autrement organisés. Ce fait et une immense foule d'autres faits plus ou moins analogues font naître en notre âme un sentiment intime de désapprobation, de condamnation.

Et pour exprimer une loi beaucoup plus générale, on peut dire que l'âme humaine, dans tous ses états et dans tous les lieux, est témoin d'une foule de faits qui réveillent, dans ses profondeurs, l'idée irrésistible de devoir et d'obligation. Ceci est vrai chez tous les hommes et toutes les nations.

Nulle part on n'a vu, nul philosophe n'a jamais démontré que cette idée de devoir, d'obligation, fût renfermée dans les faits eux-mêmes.

Elle est dans l'âme ; c'est là qu'elle habite. Or, une foule de philosophes ont plutôt ébranlé que raffermi la théorie de cette loi générale d'obligation, en prétendant la fixer chez tous les peuples en une pratique, en une morale uniforme. Sous ce rapport, la dissemblance des faits observés était inquiétante pour la sûreté de la théorie même.

Mais ce n'est point ainsi qu'il faut procéder, mon fils. Nous reconnaissons chez tous les hommes, et partout, qu'il existe des faits dont on peut dire, en les envisageant tous, qu'ils excitent en nous des impressions toutes différentes, tout autres que celles de la pure logique, et ces impressions font naître forcément une idée de loi, d'obligation.

Une loi morale quelconque existe, et existe généralement. Voilà ce qui sort évidemment des faits observés. C'est donc là le fait général et indubitable qui nous permet d'ajouter, dans notre âme, une puissance nouvelle à la puissance du vrai, que nous y avons reconnue.

L'existence de cette puissance nouvelle n'est aucunement une hypothèse ou une incertitude. Elle est un fait indubitable.

De même que nous avons reconnu la puissance du vrai, d'après la considération que sans elle il n'y aurait eu de possible pour nous que des sensations successives sans rapport ni lien ; de même, nous concluons l'existence d'une puissance, cause souveraine de l'idée de morale, de cet autre fait que sans elle nous n'aurions jamais eu que la connaissance de phénomènes et l'impression de faits physiques.

Ces faits n'auraient pu nous transmettre que ce qu'ils possèdent; or, la puissance du vrai nous fait voir que l'idée morale ne réside point en eux. C'est donc en nous-mêmes, en nous seuls, qu'il faut la chercher.

Il faut donc admettre dans l'âme l'existence d'une puissance qui rend possibles et légitimes les jugemens moraux; c'est *la puissance du juste*, source éternelle de tout devoir et de toute vertu. Cette puissance permet qu'un jugement de morale vienne se joindre à nos pures spéculations logiques.

Sans elle, il n'existerait que le monde mathématique. Il est bien digne de la philosophie d'étudier de plus près ce pouvoir merveilleux. Il faut voir d'abord par l'observation quelles sont les lois générales des actions que nous appelons morales, et les propriétés communes à toutes.

Voici, mon fils, une réflexion générale qui doit précéder toutes nos méditations sur cette matière, éminemment digne de notre attention.

On conçoit parfaitement qu'il existe dans l'âme humaine des puissances comme celle du juste, qui jugent les idées produites par le monde extérieur. Ces idées et leurs rapports seront comparés aux puissances dont elles relèvent, et suivant le résultat de cette comparaison, nous prononçons que telle chose est bonne ou mauvaise, belle ou laide. Mais, dans un jugement moral, comme dans tout jugement de goût ou de beauté, c'est *la puissance du vrai* qui décide en définitive de la conformité de l'action avec le juste ou avec le beau.

Cependant, nous ne devons pas conclure que la puissance du vrai soit en même temps celle du juste et celle du beau. Au contraire, en elle, il n'y a rien de ces deux choses. Un problème mathématique, une vérité quelconque, envisagée comme un pur fait vrai, rigoureusement parlant, n'est ni belle ni morale; elle est uniquement vraie. Tout ce que l'on doit dire, c'est que la puissance du vrai est souveraine dans l'âme; elle plane sur toutes les autres; elle garde les autres puissances et ne les supplée point; elle les dirige, mais elle ne saurait les remplacer.

Les puissances du juste et du beau sont très-distinctes de la puissance du vrai : mais toutes les puissances indistinctement, toutes les idées, lui sont présentées et lui sont soumises; mais c'est toujours la puissance du vrai seule qui, entrant dans le temps et dans l'espace, fixe les idées, les contemple et les rappelle à son gré. C'est la puissance du vrai qui tient les idées en présence des autres puissances de l'âme, pour que celles-ci, le juste et le beau, les rapprochent de leur essence, et les comparent à elles-mêmes. Il faut donc encore ici que la puissance du vrai intervienne ; sans elle, sans son action, plus de certitude en rien.

D'ailleurs la théorie ne peut admettre que les puissances du juste et du beau appellent en quelque sorte les idées qui ressortent de leur juridiction. Toutes les idées arrivent à l'âme en quelque sorte pêle-mêle, comme toutes les sensations frappent la sensibilité. Mais celles-là uniquement, qui sont de nature à être jugées par le juste et le beau, sont appréciées par ces mêmes puissances. Toutes excitent en quelque sorte la puissance du vrai, et aucune ne lui échappe. En quelque sorte, les unes sont toujours sûres de leur effet, les autres s'adressent à des pouvoirs plus délicats, qu'elles ne sont pas certaines d'émouvoir. Ces premières ressemblent aux vents impétueux, qui, de quelque part qu'ils soufflent, produisent toujours un effet certain, soulèvent les vagues, ou font murmurer les forêts ; et les dernières idées, qui mettent en jeu seulement les puissances du juste et du beau, ressemblent à ces courans d'un air mélodieux, qui, quelquefois, réussissent à faire frémir légèrement les cordes d'une harpe suspendue dans le feuillage.

C'est donc, en définitive, ici comme toujours, la puissance du vrai qui conduit et dirige les autres puissances de l'âme. Le vrai marche devant elles, et si les puissances du beau et du juste décident exactement du rapport d'un objet avec elles-mêmes, c'est qu'elles se sont guidées à la lueur de son flambeau divin.

Après avoir vu à quelle juridiction est soumise la puissance du juste, examinons comment elle se conduit elle-même dans ses jugemens purs.

Cette étude facilitera les recherches qui nous restent à faire sur l'autre puissance de l'âme.

La puissance du juste peut juger les faits ou les actions. Ainsi elle peut s'appitoyer sur le sort d'un homme renversé par la foudre, ou plaindre l'oppression d'un peuple entier. Dans ces deux cas, son action est différente.

Lorsqu'il se présente à la créature qui possède la puissance du juste, un simple fait, une souffrance, une douleur, une injustice isolée et dont la cause lui échappe, alors simplement elle frémit à l'aspect du mal. Elle proteste contre toute injustice. Telle est son essence; en vain voudrait-elle s'y dérober. C'est alors que naît dans notre âme ce doux et tendre sentiment de la pitié, de la commisération, qui est simplement le pur effet que produit l'aspect du mal sur nous. C'est un sentiment bien simple et bien admirable que celui de la pitié. Il échappe à l'analyse et à la réflexion. Plus vif que l'éclair, il s'élance au secours du faible et panse les plaies du Samaritain abandonné. Ici, c'est en quelque sorte l'inspiration de la puissance du juste. Elle se décide subitement, et avec une promptitude qui nous révèle sa nature. Il serait même possible que la classe nombreuse des devoirs de famille, cet amour pur et désintéressé du père et des enfans, fussent aussi l'émanation sainte et sublime de la puissance du juste dans sa plus grande pureté. Nous verrons en effet que l'autre puissance de l'âme commence aussi à agir comme d'instinct, et applique d'abord sans hésitation ses caractères aux faits du monde extérieur.

Ce premier exercice de la puissance du juste est aussi celui qui se montre d'abord, et dans l'enfance de l'homme, et dans l'état progressif où sa civilisation augmente lentement avec ses lumières. L'enfant d'abord sait aimer sa mère. Les autres devoirs lui sont inconnus. Les peuples presque sauvages manquent d'organisation sociale, n'ont que peu de lois raisonnables, et tuent les prisonniers des autres tribus; mais toujours la sainteté de la famille existe pour eux.

Ces liens doux et sacrés, qui se forment et se resserrent à l'ombre du foyer domestique, existent partout où il y a des hommes. Les transports de l'amitié, du respect filial, ont fait battre des cœurs farouches qui ne sont capables d'aucun autre sentiment; et sous toutes les zones et tous les climats, la puissance du juste semble se complaire à jeter sur les affections de parenté quelques-uns des premiers et des plus purs de ses rayons. Mais cet exercice subit et instinctif de la puissance du juste n'est pas le seul où son essence se révèle.

Il en est une autre d'une égale importance, et d'une application bien plus générale encore.

Il existe un autre ordre de choses, que la puissance du juste apprécie; ce ne sont plus de simples faits, ce sont des actions. Or, dans toute action, il y a résolution d'agir de la part d'un être libre seul, ou sur un autre être libre. Sans liberté, pas d'action. Sans liberté, l'action devient un fait aveugle, auquel la créature, qui le produit, est resté étranger. Ce qui constitue la sainteté de l'action, c'est sa liberté. L'âme sent parfaitement sa liberté; cette liberté, qu'elle sait être indispensable à toutes ses actions, elle la transporte à celles qui se passent au-dehors. Donc, la créature, douée d'une puissance du juste, libre, doit exiger cette même liberté, partout où il y a d'autres actions et d'autres créatures.

Voici donc une grande série d'actions soumises à la puissance du juste; ce sont celles qui respectent ou ne respectent pas la liberté d'autrui. Tandis que la puissance du juste, dans son premier exercice, faisait l'application pure et simple de son essence aux faits, comme *puissance du juste*, ici elle fait cette application comme *puissance du juste, libre*. De là le besoin irrésistible qu'elle ressent de trouver liberté dans toutes les actions, et l'horreur qu'elle éprouve quand ce caractère sacré leur est enlevé. De là son aversion pour l'esclavage, égale à son aversion pour la tyrannie.

Ainsi, par sa première action, elle réside en la famille; elle y exerce la pitié, la commisération et l'amour : par sa seconde action, elle sort de la famille, elle se place au milieu du genre humain, elle proteste contre toute servitude.

Le sentiment de pitié est son essence pure; mais l'idée de liberté est un phénomène extérieur, dont nous voyons la cause et la source, les actions d'êtres libres. Nous ne savons pas ce que c'est que la pitié. Nous pouvons mieux juger de ce que c'est que la liberté, l'indépendance complète et réciproque des actions mutuelles. L'idée de liberté est donc quelque chose d'extérieur qui s'accorde avec la nature même de la puissance du juste. Pitié est donc le caractère intérieur de la puissance du juste, liberté en est l'apparence extérieure; pitié en est l'*essence*, liberté en est *la forme*. La morale est donc triple. Elle commande d'accorder de l'affection à la *famille*, de la *pitié* à l'*individu*, de la *liberté* à l'*espèce*.

La puissance du juste éprouve la pitié, et elle règne sur l'univers de la liberté. Affection, pitié liberté, comprennent tous nos devoirs. Les pratiquer, c'est être juste.

Le précepte du sage est donc celui-ci, qui comprend tout : Honore ta famille, secours ton prochain, respecte l'espèce. Ce sont les trois arrêts les plus clairs et les plus évidens de la puissance du juste.

Si maintenant l'on demande comment la puissance du *juste* procède dans ses décisions, voici la marche qu'elle paraît suivre. Une action, un fait quelconque, se peint par les idées qu'il excite; ces idées sont fixées par la puissance du vrai, qui, par la réflexion, entre dans le temps et l'espace pour les juger. De plus, le vrai les compare à l'essence pure de la puissance du juste. Le vrai reconnaît ou non leur conformité avec elle; cette conformité, ou au contraire cette dissemblance, seconde, ou contrarie la nature de la puissance du juste. Dans le premier cas, il s'ensuit reconnaissance d'identité, ou approbation, consentement; dans le second cas, reconnaissance de dissemblance, ou désapprobation, aversion. Ici, nous entrevoyons ce que nous apprendrons à connaître dans la suite de nos méditations, la source du plaisir.

Mais quand la créature, dépositaire d'une puissance du juste, contemple des actions ou des faits qui ont violé cette essence, elle ne saurait oublier cet affront fait à sa nature. Cette puissance, qui, pas plus que les autres, n'habite ni le temps ni l'espace, ne se donne point de repos, dès que ses lois ont été enfreintes. Méprisant les conditions du temps, et sourde à l'oubli du passé, même quand tout est calme et que toutes les traces du crime ont disparu, elle trouble la paix de la créature qui a violé sa sainte obligation. Elle oblige les fautes comme les forfaits, à comparaître devant elle dans le silence des nuits. Il n'est pasd'ab îme , pas de tombe qui puisse cacher un pesant souvenir; c'est elle qui verse un doux contentement sur la couche du pauvre honnête , et qui souvent trouble le sommeil , vainement recherché sur la pourpre. C'est Oreste qui traîne l'horreur après soi , et évoque les Euménides dans son propre palais. Cette action est ce qu'on nomme *le remords.*

Le remords , ou repentir , ou regret , nuances d'un même sentiment , prouve deux choses. Il rétablit sans réplique la liberté de toute décision ; car il est impossible d'admettre qu'une puissance de l'âme ait regret à avoir souffert une action , si elle a été invinciblement poussée à la commettre. Elle a regret d'avoir fait , donc elle aurait pu ne pas faire.

Le remords prouve encore la nature éternellement juste de la puissance dont il dérive , puissance qui a été un instant subjuguée par les motifs contraires des passions ou de la sensibilité.

Le remords est une protestation sublime exercée par la puissance du juste contre la désobéissance du moi. C'est un rappel , et un rappel pénible à sa dignité native. Il faut donc admettre que le juste est son essence , puisque l'injuste , l'oppression , la tourmente et la trouble.

Ainsi , mon fils , nous acquerrons en philosophie cette consolante certitude , que nous sommes tous dépositaires d'un principe immuable de justice.

En général, toutes les puissances de l'âme sont immuables. La conception du vrai, comme celle du juste et du beau, reste éternellement la même. Les anciens savaient tout ceci aussi bien que nous, et nos derniers neveux n'auront pas une connaissance plus complète que la nôtre de ces principes, qui sont immuables dans leur nature comme l'âme qui en est le foyer.

Cette puissance du juste est excessivement claire dans son application générale; mais comme souvent elle a affaire à des faits ou des actions que la sensibilité lui présente très-compliquées, on conçoit que le vrai peut être quelquefois obligé de prononcer sur des situations variées à l'infini. La morale peut donc avoir ses problèmes. De là les *doutes,* les *hésitations,* les *cas de conscience,* les *décisions variées.* On voit à l'instant qu'un esprit juste est la chose la plus nécessaire pour en sortir, parce que le vrai éclaire la morale. On voit aussi, et avec non moins de clarté, que puisque la puissance du juste existe dans l'âme humaine, on ne peut jamais rigoureusement *apprendre le juste*; mais on peut apprendre à appliquer l'idée primitive de justice dans le sens et suivant le principe de la puissance du vrai, qui plane sur tout le reste. Ainsi la créature ne saurait apprendre la vérité ni la justice; elle sait la vérité et la justice, mais elle peut apprendre à raisonner logiquement et à se conduire avec intégrité. En un mot, la créature

sait le juste, mais elle peut apprendre à l'appli
quer avec exactitude et bon sens. De là *l'éducation*,
qui n'est que la méthode la plus propre à diriger
l'éternelle puissance du juste dans l'application
qu'elle fait de son essence aux choses extérieures. De là encore la liaison évidente entre la
morale et les lumières, ou entre le juste et le
vrai, puisque le vrai guide et dirige les décisions
du juste.

Ayez du bon sens, et vous serez vertueux. Ce
que je connais de plus profond en morale, c'est
cette maxime d'un sage, qui avait goûté l'ivresse
du plaisir et qui en avait recueilli l'amertume :
le méchant fait une œuvre qui le trompe.

Voilà donc, mon fils, comment nous entendons
la morale. Nous avons établi sa théorie, en donnant à chacun de nous un principe qu'il porte
en son sein. Nul ne peut le nier; nul ne peut le
dépouiller. On le dissimule, on l'oublie. Les
passions le font taire; la soif de l'ambition, le
goût des jouissances le surmontent et l'obscurcissent, mais il veille au dedans de nous, immuable, solitaire, éternel : il éclate en héroïsme,
en dévoûment, en sacrifices. Il se trahit par les
actions qu'il inspire, et par les déterminations
qu'il suscite. Il sort de son repos pour ennoblir
la créature, qui porte dans son sein un feu
secret, qu'elle ignore elle-même. C'est lui qui
nous répond des destinées de notre race. Sans
ce principe, l'idée de devoir eût été depuis long-

temps souillée; sans ce principe, la morale eût péri. L'impunité du crime ne peut rien contre lui, s'il est vrai qu'un funeste succès n'est accordé aux méchans que pour nous dégoûter de leur cause, et réveiller les foudres de la conscience du genre humain. »

VIII.

«Nous venons d'examiner la nature et les effets de l'une des puissances de l'âme que guide la loi souveraine du vrai; nous l'avons contemplée entrant, pour ainsi dire, dans le monde extérieur, avec la pitié pour essence et la liberté pour forme, et jugeant à sa balance incorruptible les actions et les choses. Il s'agit maintenant de poursuivre notre étude de la composition de l'âme humaine, de voir si d'autres puissances n'y sont pas déposées et n'y exercent point un empire semblable. Après avoir constaté la puissance du vrai pure examinant l'univers, ce qui constitue les sciences, la puissance du juste examinant les choses et les actions, ce qui constitue la morale, quels sont les objets qui doivent maintenant engager nos méditations? Ce sont, mon fils, les arts, toutes les variétés de la poésie, témoignages de la puisance du beau et sujets de son empire, cause inépuisable de plaisirs, d'illusions et d'espérances, où le génie de tous les siècles a puisé sans qu'il en ait affaibli les impressions ou tari la source.

Pour constater l'existence d'une puissance de l'âme, qu'on doit nommer la puissance du beau,

il suffit de quelques considérations bien simples,
et même d'une seule ; il suffit de remarquer que
l'expérience démontre que s'il peut exister dans
toutes les âmes, et partout, et à toutes les époques,
et dans tous les pays, un sentiment *d'approba-*
tion émané du juste, de même l'homme est capable d'un autre sentiment, le sentiment extérieur
de l'*admiration*, émané du beau.

Ainsi, la différence capitale entre *approuver* et
admirer, sentimens universels, classe, sans autre analyse, deux puissances distinctes. Il est possible, en effet, de reconnaître, en y réfléchissant,
que l'admiration est une chose d'un tout autre ordre que l'approbation.

Je vois un nouveau-né abandonné au courant
d'un fleuve, comme le législateur des Hébreux
dans son enfance; je suis d'un œil inquiet la faible créature s'éloignant sur les eaux qui gron-
dent; j'entends ses timides vagissemens se perdre
dans les airs; que ne puis-je le rendre à sa mère !
Voilà un sentiment profond de pitié, pur, simple,
élémentaire, auquel ne se joint aucune trace d'intérêt, d'égoïsme, de peur; c'est là l'arrêt saint,
indestructible, de la puissance du juste. Je vois le
soleil se lever sur une riante campagne; ses rayons,
que précède l'orient rosé, chassent la nuit et les
vapeurs du matin, le jour renaît, et le murmure
le plus harmonieux sort de la forêt, dont les habitans se réveillent en secouant leur plumage. Le
soleil monte rapidement, et son disque d'or, que

j'ose fixer, devient de plus en plus éblouissant. Le jour est venu, mon âme est dans le ravissement : voilà un sentiment profond d'admiration, simple, élémentaire, auquel ne se joint ni peur, ni intérêt, ni égoïsme ; c'est l'arrêt saint et pur de la puissance du *beau*.

Ici, il faut répondre à une question importante. Comme nous avons prouvé que la puissance du juste réside réellement dans l'âme, et n'est pas dans les phénomènes extérieurs, peut-on prouver, pour 'la puissance du beau, qu'elle réside aussi dans l'âme, et qu'elle n'est pas dans les phénomènes extérieurs ? Je crois qu'on peut démontrer cette analogie exacte.

Les apparences extérieures, le monde des phénomènes, les tableaux de la nature, abstraction de l'admiration qu'ils excitent, ne sont que des faits, seulement des faits vastes et pompeux. Si l'admiration était en eux-mêmes, si le beau y était renfermé, il est clair que la sensibilité présentant ces faits très-fidèlement à la raison, tous les hommes seraient obligés de porter sur eux le même jugement ; tous seraient d'accord dans leurs jugemens sur la beauté; si le beau était dans les faits, l'âme humaine le traiterait comme les mathématiques. Il n'y aurait aucune dissidence d'opinion, aucune divergence de vues. Mais la grande variété des jugemens sur la beauté démontre qu'elle ne peut pas être dans des faits qui sont les mêmes pour tous. Il faut donc que la source de ces ju-

gemens soit dans l'âme, et soumise en quelque
point à la liberté humaine.

Ainsi, toutes les choses en elles-mêmes sont
vraies. Entre elles il y a des lois physiques, et
voilà tout. Mais rien en soi, comme chose extérieure, n'est bon ou mauvais, laid ou beau; ce
sont des qualités que nous transportons nous-mêmes aux corps dont nous sommes entourés. Ce sont
des propriétés que l'âme concède aux objets. Sous
ce point de vue, la puissance du *beau* est une puissance essentiellement intérieure, tellement que
lorsque l'idée du beau s'attache à quelque objet,
il suffit souvent d'un changement matériel presque
imperceptible dans cet objet, pour détruire, ou
au moins pour modifier profondément cette idée.
Qui ne sait à quels élémens fugitifs tient la beauté
d'un visage, d'une colonne, d'un ordre d'architecture, d'un dessin gracieux? le plus petit accident les détruit, la plus légère disproportion les
fait évanouir.

L'idée du beau ressemble à son emblème, à la
rose, magnifique en son éclat; mais qu'un souffle
l'agite, et la rose n'est plus.

Comment donc voudrait-on que l'idée du beau
provînt des objets eux-mêmes, quand, à un changement extérieur et presque inperceptible dans
leurs proportions, répond un changement immense dans le jugement du beau que nous portons sur eux. Si l'on estimait géométriquement,

et avec une mesure, le changement survenu dans la courbe gracieuse des traits d'une jeune fille, qui a ressenti des chagrins, et que l'inquiétude et l'amour ont minée, on ne trouverait que des variations presque insensibles, des différences presque inappréciables : et cependant quel prodigieux effet a été produit ! Ses grâces ont disparu, une expression mélancolique s'est assise sur tous ses traits. Sa beauté a passé sans retour. Comment mesurer toutes ces choses ? sans doute le compas échapperait des mains du géomètre assez indiscret pour le tenter. Nous concluons de ces réflexions générales l'existence d'une puissance nouvelle de l'âme humaine, que nous nommons *la puissance du beau.*

Si nous portons notre attention sur les attributs de cette puissance, sur ses moyens de gouvernement, sur sa nature, plus élevée, et plus obscure encore que la *puissance du juste*, il sortira de cet examen des conclusions telles que la théorie ne nous en a point offert encore.

Pour celui qui se représente attentivement le caractère général de tous les jugemens du beau, à quelque objet, à quelque spectacle qu'ils s'appliquent, il restera démontré que l'idée d'*admiration* plane sur tous ces effets divers.

Qu'ils s'appliquent aux scènes de la nature ou aux monumens des arts, à l'océan, aux montagnes, à des sites rians ou sauvages, aux statues, aux chefs-d'œuvre du pinceau, aux formes de la figure humaine, aux impressions délicieuses de la mélodie et du chant, toujours est-il que l'on se sent modifié agréablement, en un mot, que l'on *admire.*

Il est important de ne pas confondre *l'admiration* avec le *plaisir*, qui en est la suite et le résultat, et dont nous aurons à étudier la théorie.

Ce sentiment d'admiration intime et mystérieux, tout entier dans l'âme; ce sentiment, qu'il faut avoir ressenti pour en acquérir l'idée; ce sentiment, qu'il est impossible de concevoir exister dans les phénomènes, constitue donc *l'essence* de la puissance du beau.

Mais, de même que la puissance du juste, indépendamment de son essence, a une forme extérieure, et cette forme est *la liberté*, la puissance du beau, indépendamment de son essence, a aussi une forme extérieure ; cette forme est *l'harmonie.*

L'harmonie est un phénomène extérieur, comme la liberté; mais, de plus qu'elle, il est physique et mesurable. L'harmonie est un fait géométrique. Seulement, le mot est dérivé de la musique, et il faut l'entendre dans un sens beaucoup plus général. J'appelle harmonie, comme fait physique, l'ensemble de plusieurs phénomènes, assujettis à des conditions de nombre et qui sont entre eux dans des rapports fixes que l'on peut calculer. Ainsi, une ou plusieurs cordes sonores, comme les colonnes d'air des instrumens à vent, comme les dimensions des parties de l'architecture et de ses ordres, comme les maximes de la symétrie et des proportions, produisent les unes des vibrations, et les autres des mesures, qui sont toutes soumises à des proportions de nombre, fixes, définies, et ordinairement très-simples.

La perception de ces proportions harmoniques, reçue dans l'intelligence, est examinée par la puissance du vrai. Le vrai n'y voit que des proportions : aussi les géomètres purs changent en formules l'effet des arts. Le juste n'y décide rien, car il n'y a ni justice ni injustice dans les rapports proportionnels. Mais ici apparaît alors la puissance du beau. Sa nature est excitée par l'harmonie, et laissant le mathématicien à ses problèmes et le moraliste à ses principes, elle goûte tranquillement ce plaisir, qui est fait pour elle seule.

Ainsi, des deux puissances de l'âme, chacune à son tour est mise en jeu par l'univers, chacune exerce isolément sa part de souveraineté. En continuant de comparer les deux puissances du juste et du beau, plus tard nous les verrons se rapprocher, et tendant à se réunir, produire ce qu'on appelle la *poésie*. Mais ici faisons quelques réflexions sur ce point important, que la puissance du beau porte ses jugemens sur deux ordres de faits, d'abord sur les faits harmoniques; ainsi, la créature qui contemple une des colonnes des ruines du temple de Pestum , ou qui entend une des grandes symphonies de Haydn , dira que ces choses sont *belles*. Pourquoi ? parce qu'il y a ici harmonie, Mais , de plus , la créature témoin d'un acte de vertu, de désintéressement, voyant un fait où la dignité humaine est respectée , dira aussi : cette chose est *belle*. Pourquoi ? parce qu'il y a ici liberté.

Ainsi , voilà le jugement de *beauté* porté sur deux apparences très-différentes, sur des tableaux d'harmonie et sur des actes de vertu. Voilà donc que la puissance du beau paraît sortir de son domaine , et s'immiscer dans des jugemens sur la vertu, qui semblaient devoir lui rester étrangers. En d'autres termes, la vertu, la liberté relèvent de la puissance du juste, et par cela même paraissent devoir échapper à la puissance du beau. Et remarquons que le juste ne peut pas ainsi étendre ses arrêts. Le juste ne peut point, à son tour, s'appliquer aux objets qui excitent l'idée de beauté. La puissance du juste ne peut qu'*approuver* la vertu , la liberté, et ne peut pas *approuver* une colonne, un arc de triomphe , une mélodie; tandis que la puissance du beau ne se borne pas à *admirer* une colonne, un arc de triomphe, une mélodie , elle peut *admirer* également la vertu, la liberté. Socrate qui , respectant les lois de son pays jusque dans l'injustice dont il est la victime, refuse de s'échapper de la prison, voilà qui constitue un fait de la plus grande *justice ;* de plus, ce nous paraît un fait de la plus grande *beauté*. Mais les phénomènes de la nature, les prodiges des arts, toutes les choses qui ont l'harmonie pour règle, excitent aussi l'idée de beauté. On voit donc, par cette double impression, que la puissance du beau peut apprécier deux ordres de choses fort différens, la vertu et les arts, la liberté et l'harmonie.

La puissance du juste ne peut point le lui rendre; elle ne ressent que la justice, la liberté; elle ne peut éprouver un sentiment d'approbation morale à l'aspect des arts; elle ne peut trouver de la *justice* dans un produit de l'harmonie, inférieure en cela à la puissance du beau, qui trouve de la beauté dans un produit de la justice, et de la beauté dans un produit de l'harmonie. En un mot, la puissance du juste n'est excitée que par la justice; la puissance du beau, plus vaste, est excitée par la justice et par la beauté.

La puissance du beau s'applique aux actions d'êtres libres (un homme vertueux est beau); elle s'applique de plus à une certaine disposition de la matière harmonique (un arc de triomphe est beau); le juste ne s'applique jamais qu'aux actions d'êtres libres. Si, dans tous les cas, il est permis de dire que la justice est belle, on ne peut, renversant la proposition, dire que le beau est juste; et le jugement du beau atteignant là où le jugement du juste ne peut arriver, la supériorité, la grandeur de l'empire est du côté de la puissance du beau.

Ceci nous explique clairement pourquoi toute vertu, par cela même qu'elle est vertu, est belle, en même temps que juste. Ceci nous fait voir pourquoi l'idée du beau est inséparablement attachée aux nobles produits de la puissance du juste, à tel point que, dans presque toutes les langues, le beau veut dire le bon, et une *belle action* signifie absolument la même chose que la vertu.

Nous tirons de ces faits une conséquence importante, que le juste n'embrasse qu'un univers, celui de la vertu, et que le beau embrasse deux univers, celui de l'harmonie et de la liberté.

Nous comprenons maintenant, mon fils, après ces méditations assidues, pourquoi la puissance du beau est plus fugitive dans son analyse, plus vague et plus grande dans ses arrêts.

Cette indication de la théorie est confirmée pleinement par l'expérience. Qu'on nous transporte devant un paysage étendu et varié; qu'on nous laisse voir Aspasie dans l'éclat de sa jeunesse, et parée de ces charmes contre lesquels la philosophie est impuissante, nous aurons l'idée irrésistible du beau; mais qu'on nous montre une action héroïque; qu'on nous fasse assister au dévoûment d'un Brutus mourant pour son pays, d'un Washington fondant la liberté, j'aurai l'idée de devoir, de juste, de dévoûment. Qui ne sent à l'instant que cette idée a quelque chose de beaucoup plus net, de plus clairement déterminé que l'idée du beau? En la première, rien de vague ni d'incertain. La vertu me semble tout près de moi; je la vois, je la contemple. La beauté habite plus loin; quelques nuages entourent son mystérieux séjour, et elle ressemble à ces figures gracieuses qui plaisent davantage sous un voile.

C'est que son essence elle-même est plus vaste, c'est qu'elle plane, plus encore que la puissance du juste, sur l'univers extérieur, qu'elle domine à double titre; c'est que comprenant en elle pouvoir de juger les actions des hommes et les harmonies de la matière, il faut qu'elle recèle une force capable de sentir des choses aussi dissemblables. Elle doit donc être immense, c'est-à-dire obscure à nos faibles yeux.

Parce que les impressions du beau sont jugées par une puissance plus vaste, elles doivent devenir d'autant plus profondes à analyser.

Les puissances de notre âme se révèlent ainsi à nous d'autant moins que leur empire s'étend davantage. Ce n'est pas elles qui s'obscurcissent, c'est nous qui ne pouvons les atteindre. Elles semblent s'éloigner, et au contraire elles sont trop près de nous, comme une montagne colossale écrase de sa grandeur l'homme qui rampe à son pied.

Il y a donc dans les intelligences des puissances de divers degrés, et comme des gradations d'empire. Déjà la puissance du beau est bien plus vaste, plus compréhensive que la puissance du juste , et l'obscurité qui environne ses décrets comme d'un mystérieux nuage, nous donne l'idée, mon fils , de facultés, de puissances tellement élevées, tellement vastes, tellement au-dessus des propriétés de la matière, que rien, dans l'univers présent , ne puisse les sortir de leur repos sublime.

Il se peut, en effet, qu'il y ait dans l'âme des puissances telles , qu'aucun fait du monde actuel ne leur donne occasion de se manifester.

Leur énergie dort.

L'univers, tout magnifique qu'il nous semble , n'a rien qui puisse exciter ces forces imposantes qui reposent au dedans de nous. Soleils sans nombre, terrible océan, majestueuse nature, vos merveilles sont grandes, mais peut-être elles ne le sont pas assez pour répondre au besoin de grandeur, à l'exigence de sublime de quelques - unes de nos facultés. Elles vous dédaignent.

Cependant, mon fils , si ces forces intérieures qui vivent au dedans de notre âme, inconnues à nous-mêmes , trouvent un instant l'occasion d'agir , rencontrent, par un événement quelconque, un motif de réveil; alors, c'est un coup de foudre pour la créature, c'est une commotion qui la fatigue et l'effraie, et cette apparition subite et terrible constitue le sentiment que l'on nomme le *sublime.*

Mais, avant de pénétrer plus avant dans la théorie, qui nous entraîne rapidement aux plus gran-

des questions, il faut fixer avec plus de netteté
l'essence et la puissance du beau, que jusqu'ici
nous nous sommes presque bornés à comparer à
la puissance du juste.

. Pour approfondir la théorie du beau, il nous
manque d'avoir défini ce que c'est que la *poésie*,
sentiment délicat et délicieux, que nous ne pouvons connaître encore; mais, jusque-là, conten-
tons-nous de poser quelques-uns des caractères de
la beauté. Il est incontestable, en général, que
l'idée de beauté se lie à la perception dans l'âme
de rapports harmoniques. Deux arts très-vastes
sont presque uniquement composés de ces rapports, l'architecture et la musique.

Ceux qui sont le plus passionnés pour ces deux
arts, et qui s'abandonnent sans réfléchir au plaisir d'admiration qu'excite la vue des proportions
d'un temple grec ou l'effet d'une mélodie simple
et naïve, de ces compositions napolitaines dont les
cadences reviennent avec tant de grâce sans pa-
raître uniformes, ne se doutent pas que l'objet de
leurs vifs plaisirs est assujetti à des rapports de
grandeur et de vibration, rapports où la vue ni
l'oreille ne supporteraient point une altération
tant soit peu sensible. Mais le plaisir délicieux de
l'harmonie musicale proprement dite ne rentre
point dans cette forme de rapports fixes; elle se
lie à des impressions beaucoup plus profondes,
comme les rapports d'architecture n'expliquent
pas l'effet prodigieux des ruines, supérieur, pour

l'impression, à celui des édifices encore intacts, auxquels le temps n'a pas donné l'empreinte poétique de ses ravages. Toutefois, il est essentiel de ne pas trop étendre ces notions d'harmonie; car il est des phénomènes et des apparences nombreuses qui excitent très-puissamment l'idée du beau, et où il serait impossible de trouver des rapports harmonieux, au moins bien évidens.

J'exclus à dessein de nos réflexions, pour le moment, les idées de grandeur, qui forment une autre source de plaisir admiratif; mais la vue des formes humaines, d'une foule d'objets naturels, du port de tant d'arbres et de plantes, de la structure de tant d'animaux, d'une tendre fleur à peine éclose, en un mot, de tant de productions variées de la nature, où l'idée du beau semble parsemée avec une inconcevable fécondité, échappent tout-à-fait à cette classification d'harmonie. Où trouver des rapports, où découvrir les élémens de l'harmonie dans une riante campagne, dans un cygne qui fend si gracieusement les eaux, dans le contour d'une cascade qui se précipite en écume, dans l'agitation de la mer, dans la courbe verdâtre de la vague qui se plie mollement avant de se briser avec fracas, et surtout dans l'aspect divin d'un visage de femme où règne la grâce de tous les traits, le calme des vertus et l'élégance de la beauté.

Tout ceci ne consiste pas en rapports géométriques. On y cherche en vain cette exactitude des rapports des parties d'une colonne dont les pièces sont rigoureusement calculées. Cependant voici une réflexion qui peut éclaircir la difficulté. Il se pourrait que, dans tous ces phénomènes, il y eût une harmonie, mais une harmonie plus cachée. Ainsi, un accord musical est un son complexe, formé de rapports rigoureusement assignables. Cet accord, soit qu'on l'altère, soit qu'il se trouve mêlé à des notes auxquelles il répugne, peut cesser de plaire, et peut même devenir un simple *bruit*. Même dans ce cas il conserve sa propriété d'être un ensemble de vibrations sonores, seulement, sans règle ni frein. On ne peut les saisir ; il ne reste que du fracas. Ce fracas peut lui-même devenir beau ; témoin le mugissement des flots, le roulement du tonnerre, le son plaintif du vent. Ici, il y a incontestablement un mélange de vibrations sonores ; seulement leurs rapports sont confondus.

Il serait donc possible que beaucoup d'autres phénomènes du beau, le plus frappant de tous, le beau de la femme, pussent se résoudre aussi en rapports définis, qui seraient d'autant plus difficiles à saisir, que ce genre de beau est composé physiquement de courbes, de formes arrondies et irrégulières, dont la définition dépasse les forces de la géométrie. On fixe par les mathématiques un corps un peu régulier ; mais comment atteindre ces formes où la beauté paraît comme jetée avec cette délicatesse de pinceau, que la nature seule met à ses ouvrages. Toutefois, des tableaux naturels qui réveillent l'idée du beau, quelques-uns ne peuvent se résoudre en élémens harmonieux. Telles sont en général les apparences magnifiques de l'ordre de l'univers.

En général, le beau d'admiration, celui que fait naître un vaste paysage, les montagnes, la mer, est ressenti par tous les hommes sans exception. En effet, nul ne peut se dérober à l'essence de la puissance du beau, qui est l'*admiration*. Mais à mesure que les jugemens du beau s'exercent sur la forme de ce sentiment, c'est-à-dire sur l'*harmonie*, alors les opinions diverses se multiplient. Le goût varie avec les climats, les habitudes et les hommes. Tous comprennent et admirent la nature; mais tous ne sauraient comprendre et sentir également ni l'architecture, ni la musique, ni les autres arts harmonieux. En un mot, tous jugent bien l'essence du sentiment du beau, mais tous ne sauraient s'accorder dans leurs jugemens sur la forme.

Nous avons reconnu dans la puissance du juste deux manifestations extérieures, *la pitié et la liberté*. Nous sentons que la pitié est une impression plus intime, plus facile, plus instinctive que le respect pour la liberté, mais moins claire que celle-ci, qui éclate dans des actions; nous voyons encore que les peuples cultivent *la pitié*, dans le cercle des amis et de la famille, avant de connaître *la liberté*, qui entraîne au respect pour la race. Rapprochant les modes des deux puissances , nous découvrons que la puissance du beau , envisagé comme beau pur (et abstraction de ses jugemens sur la vertu) , a aussi deux manifestations , l'*admiration* et l'*harmonie ;* nous sentons que l'admiration est une impression plus intime , plus profonde , plus instantanée que l'effet de l'harmonie ; nous voyons que les peuples les plus grossiers savent admirer un beau spectacle , avant d'être sensibles à l'harmonie d'arts plus recherchés. Ainsi tout sauvage admire le lever du soleil , la mer furieuse , un orage effrayant ; mais la jouissance de l'harmonie tient à des impressions plus délicates , que la civilisation développe seulement. Aussi , n'a-t-on jamais vu de peuple grossier chez qui la musique et l'architecture aient pu faire de grands progrès , et même chez eux les arts harmoniques dégénèrent en arts de pure admiration ; la mélodie se change en sons forts ou expressifs ; l'architecture se change en masses sans proportions , vaine tentative pour imiter la nature.

Et on ne peut détruire ce point de théorie , en objectant que *pitié* et *admiration* sont des impressions intérieures. Sans doute elles doivent être telles. Elles forment l'essence des puissances du juste et du beau , et bien qu'excitées par des faits hors de nous , elles n'existent que dans l'âme. Mais les idées de *liberté* et d'*harmonie* ont une existence extérieure plus positive ; elles répondent à des effets plus appréciables ; aussi sont-elles

les formes extérieures de ces deux puissances. Ce que j'éprouve à l'aspect du temple bâti par Phidias, *impression d'harmonie;* ce que je ressens en voyant un homme violant la liberté d'un père, *impression de liberté,* est plus net en moi que ce que je ressens devant l'immense mer, qui se déroule sans fin à mon regard, *impression d'admiration;* plus net que le sentiment délicat et indescriptible que fait éprouver l'aspect de la douleur, l'amour d'une mère, *impression de pitié.*

La puissance du beau est donc excitée par deux ordres de choses extérieures, dont les unes sont évidemment harmoniques, et les autres ne le sont pas d'une manière apparente. Ces deux caractères ne se montrent presque jamais séparés, mais, dans les arts', sont presque toujours réunis. Il y en a même un où ces deux effets distincts peuvent être reconnus, quoiqu'ils doivent marcher toujours ensemble. C'est ce qui donne à la musique son attrait le plus puissant. Qui peut résister aux émotions délicieuses d'un art où par la mélodie l'harmonie se complète, où l'âme est affectée d'abord par le retour cadencé des mêmes phrases musicales, par la mesure voluptueuse des accords; et en même temps où l'harmonie déploie toute sa puissance, où les sons les plus délicats s'emparent de l'oreille charmée, où les accens les plus suaves et les plus purs jettent l'âme dans une délicieuse rêverie. Et si l'on perd de vue l'orchestre, si l'on ne voit pas ces moyens naturels d'exécution, qui distraient le plaisir, si on oublie et les chances de la mesure, et les dangers de la conduite, et la peine des exécutans, alors la puissance du beau, attaquée et dans son essence et dans sa forme, mise en jeu par l'influence la plus puissante, ébranlée jusqu'au fond de son être, s'abandonne avec ivresse au torrent de mélodieuse harmonie qui l'entraîne; elle occupe l'âme tout entière; nulle autre idée qu'elle-même n'y peut entrer, et la créature transportée, émue, respirant à peine, est plongée dans le bonheur le plus immatériel et le plus pur.

Il est si vrai, mon fils, que nous portons en nous-mêmes une puissance du beau, qu'il y a des tableaux, des choses qui lui paraissent repoussantes, comme la vue des douleurs, des oppressions, blesse la puissance du juste.

La puissance du beau exerce sur ce qui blesse son essence une désapprobation; c'est, si l'on veut, *son remords.* Mais ce sentiment, pour l'intensité, ne peut être comparé au remords de la puissance du juste; car les puissances de notre âme ne peuvent éprouver qu'un remords proportionnel à la violation de leurs lois et de leurs formes. Elle reviennent à leur essence, comme un pendule à sa position, avec d'autant plus de force qu'on les écarte davantage.

Or, la forme de la puissance du juste, c'est la liberté; donc, quand par oppression la liberté est violée, l'âme s'aperçoit que c'est la forme même de l'une de ses facultés qui a été enfreinte. Elle proteste de tout son pouvoir. Elle voit sa nature même en danger. Son remords doit donc être excessif.

Pour la puissance du beau, il n'en est pas ainsi. Elle n'est affectée que par des violations d'harmonie. Elle n'a pas à juger des actions qui doivent être libres, ou, pour lui faire parler le langage du juste, elle n'a pas à décider sur les cas où l'harmonie d'une chose active enchaîne, asservit, opprime l'harmonie active d'une autre chose, comme cela a lieu dans les phénomènes de liberté.

On peut donc maintenir que ce qui blesse la puissance du beau viole moins profondément sa nature que ce qui blesse la puissance du juste. Jamais la puissance du beau, en voyant violer la liberté des créatures, ne sent la sienne gravement compromise. Elle sent qu'on la trompe ; l'autre sent qu'on l'enchaîne. Voilà pourquoi le mauvais goût déplaît, et l'injustice indigne. Enfin, mon fils, nous devons ajouter encore que les impressions du sens moral, dont la forme est la liberté, doivent pouvoir se lier aux impressions des arts dont le caractère est l'harmonie, puisque la puissance du beau peut être émue par deux caractères à la fois, par la beauté et par la justice. Ainsi, ne nous étonnons pas, si la vue des merveilles d'une noble et simple architecture, si les accens d'une suave harmonie réveillent dans notre cœur des impressions morales. Chaque émotion de la puissance du juste a pour ainsi un représentant en musique, qui est un art mille fois plus riche que l'architecture, quoique tous deux aient de grands rapports. A y regarder de près, on voit que le compositeur d'harmonie et l'architecte procèdent d'après les mêmes données. Une colonne isolée rappelle un air majestueux, un solo imposant. Les contours gracieux des arcades, les ornemens des plinthes et de l'architrave, imitent ces airs où les ornemens se répètent avec symétrie, où les mêmes notes prodiguées retentissent mille fois à l'oreille.

Dans les frontons, dans les soubassemens, dans les frontispices, les majestueuses colonnes du Panthéon et du Vatican sont accumulées en quatuor, en sextuor. Enfin, qui n'a vu les portiques du Panthéon, le fronton colonnaire du Louvre, sans songer à ces grands morceaux d'ensemble, à ces chœurs majestueux de Gluck, aux hymnes de Mozart. Une longue suite de colonnes réveille l'idée d'une symphonie, qui procède avec majesté.

Dès que la puissance du beau peut apprécier les actions du juste, on conçoit pourquoi, chez tous les peuples, l'âme a dû se représenter le beau comme l'emblème de la vertu, le laid comme l'emblème du vice. La riante imagination des Grecs avait placé, il est vrai, une jeune nymphe, la belle Proserpine, aux régions du Styx; mais elle avait été forcée d'y descendre par le roi des enfers, dont les traits étaient effroyables, comme son règne des douleurs éternelles.

Le grand Milton a bien senti ce besoin. Il a laissé beaucoup de beauté à Satan au travers des coups de la foudre. Sans cela, son poême n'eût pas été épique, et son génie ne pouvait le trahir à ce point.

Ainsi, mon fils, soyons satisfaits de voir le principe de justice et la sainte vertu si bien gardés dans l'âme humaine. Le juste est juste, et de plus le juste est beau. Il répond ainsi à deux puissances. Il émeut profondément deux facultés de notre nature, qui veillent également à ses droits, à sa conservation éternelle. Ce soin scrupuleux d'en affermir la nature, d'en sauver les titres, n'est-il pas un avertissement pour nous que nul sentiment n'est plus nécessaire à notre grandeur, et qu'il n'en est aucun dont le dépôt doive nous être plus sacré. »

X.

« Parvenu à ce point de nos méditations, et nous élevant toujours davantage dans notre étude de la nature et des lois de l'intelligence humaine, nous devons méditer, mon fils, des questions d'un tout autre ordre que celles qui nous ont occupés jusqu'ici; beaucoup plus que nous n'avons pu le faire encore, nous allons goûter le plaisir de contempler l'âme dans ses procédés les plus variés et les plus profonds. Nous allons voir des abîmes, et en signaler d'autres encore loin de notre regard. Comme le voyageur qui gravit les Alpes découvre à ses pieds et autour de lui d'immenses profondeurs, des déserts, où tout est glace et solitude, des pics menaçans dont le flanc est chargé de tempêtes, et s'il lève les yeux, une voûte azurée, teinte d'une lumière céleste; plus d'une fois anssi nous remarquerons des faits effrayans, des théories immenses, des apparences inexpliquées, et au-dessus de toutes les choses obscures, nous verrons planer les puissances de l'âme, qui enveloppent et éclairent tout le reste de leur lumière immortelle.

Jusqu'ici nous avons vu que les puissances de

l'âme sont plus ou moins gouvernées et affectées par le monde extérieur. Nous les avons vues retenues dans leur course par les conditions des choses qu'elles devaient apprécier ; et quoiqu'il nous fût facile de reconnaître que leur essence est totalement différente de l'univers, toujours cependant elles nous ont paru plus ou moins dépendantes de lui. Dès ce moment, mon fils, leur captivité va cesser. Elles vont s'appartenir à elles seules. Une fois affranchies, l'univers ne pourra les suivre.

Nous allons pénétrer dans les questions de l'imagination, de l'idéal et du sublime. Nous devons nous attendre à rencontrer des choses obscures, et des conséquences hardies ; nous tâcherons à la fois d'éclairer les unes, et de ne pas reculer devant les autres.

Pour comprendre ces sujets, il est nécessaire de nous ressouvenir de ce que nous avons étudié pour y atteindre. Nous avons examiné d'abord ce qui rend possible pour l'homme d'acquérir des connaissances : sa sensibilité et sa raison. Soit que nous ayons envisagé la sensibilité contrainte de se résigner à toutes les actions de l'univers, passive et muette devant lui ; soit que nous ayons contemplé le vrai, devenant abstraction, réflexion et mémoire par son entrée dans le temps ou l'espace, soit que nous l'ayons contemplé soumettant aux puissances du juste et du beau, ses alliés, les idées excitées par le monde extérieur ;

encore est-il vrai de dire que dans tous ces modes nous avons tenu les puissances de l'âme en présence du monde et en contact avec lui.

Mais une fois que les idées sont reçues dans l'entendement, celui-ci peut oublier qu'elles lui sont venues du sein de l'univers. Il peut les prendre comme de simples matériaux tenus à sa disposition pour en fabriquer un autre monde, mais tout immatériel. Il les peut accepter simplement comme des élémens de construction; et négligeant leurs lois comme choses extérieures, il lui est libre de les combiner de mille sortes suivant ses propres méthodes, de leur imprimer le caractère qui lui convient, de les douer même d'infini, si telle est sa nature. Alors va naître dans notre âme un autre monde entièrement nouveau, parfaitement positif, quoique non matériel; un univers où les idées, définitivement affranchies du joug de l'extérieur qui les suscita, ne ressortent plus dès-lors que des puissances de l'âme, et participent à toute leur grandeur. Ce nouvel univers est l'univers de *l'imagination*.

L'imagination indique un produit; il faudrait inventer le nom de sa cause, qu'on pourrait appeler *force imaginative*. L'une des grandes erreurs qu'on ait commises en philosophie a été de regarder l'imagination comme une faculté distincte et à part, tandis que, comme la liberté, elle signifie une propriété commune à toutes les puissances de l'esprit humain.

Les puissances de l'âme, passives devant l'univers, peuvent d'abord recevoir de lui les élémens de leurs jugemens, et doivent se régler précisément sur ce que ces élémens contiennent, pour les apprécier en y appliquant leur essence. Mais elles peuvent plus que cela; elles ne se bornent point à ce rôle utile mais subordonné aux lois de la matière; elles acceptent ces impressions, ces élémens, ces idées, pour les modifier et les combiner. Elles les reprennent en sous-œuvre; elles les disposent, non suivant les lois de l'univers, mais suivant leurs lois à elles, c'est-à-dire celles de l'âme, où ces idées sont entrées. On voit ainsi qu'une fois que ces élémens sont mis à la disposition de la seule intelligence, libre à elle de les mélanger, de les disposer suivant un ordre, d'après un arrangement qui n'a jamais existé, qui n'existera jamais dans l'univers. Elle pourra donc ici tirer de son propre fonds, elle pourra produire.

Ainsi les puissances de l'âme, par l'imagination, atteignent un rang que nous n'avons pas encore rencontré dans la science; elles atteignent à la dignité de puissances créatrices.

Création est donc le symbole, la propriété essentielle de l'univers intellectuel, que nous venons de reconnaître, et qu'il faut maintenant parcourir. Toutes les fois que nous verrons quelque chose de créé, à ce signe nous serons certains que nous sommes sur le domaine de l'imagination.

Nous avons vu la créature *sentir, juger, ai-*

mer, *admirer*; dès ce moment elle va se servir de toutes ces choses réunies, et elle va *créer*. Avec des choses prises dans le monde extérieur, l'âme va construire des combinaisons à sa manière. Loin de suivre servilement la trace de l'univers, elle va le dépasser. Elle s'élance plus loin que la création. C'est maintenant un aigle, qui s'envole à perte de vue. Voilà donc, mon fils, la source féconde et variée de toutes les inventions, de toutes les illusions, de tous les contes de l'imagination; tous les prestiges, toutes les rêveries vont y entrer tour à tour. L'âme, reprenant en elle les idées produites par l'univers, va produire mille situations, mille fables, mille rêves, que chaque créature peut varier à son gré. Ce nouvel univers, riche de tant d'illusions, embelli de tant de féerie, nous plaira par sa grandeur, par sa variété, par son luxe inépuisable. C'est une magnifique décoration, qui change au gré de chaque spectateur, suivant le côté d'où il l'envisage. Il y aura des illusions de justice, des illusions de beauté, des illusions de crainte, des illusions d'espérance, et l'âme se plaira dans ce système idéal, où elle pourra vivre après l'avoir formé.

L'imagination est donc cette propriété générale de l'âme humaine, par laquelle elle dispose de l'extérieur suivant ses propres lois.

Mais jetons un regard plus précis sur la marche que notre âme paraît suivre, lorsqu'elle devient imaginative, lorsqu'elle crée.

Les impressions occasionnées par l'univers sont reçues dans la sensibilité. Elles y apportent l'idée de temps et d'espace; en devenant idées, la puissance du vrai les fixe, et se plie aux caractères du monde extérieur, en acceptant pour un instant des conditions de temps et d'espace, qui lui répugnent. Elle les compare à l'essence du juste et du beau, et prononce sur leur ressemblance ou sur leur éloignement. Cela fait, elle les retient dans le moi. Une fois que l'âme humaine est saturée d'idées, et de jugemens soumis à l'empire du juste et du beau, elle peut, étant hors du temps et de l'espace, ne possédant aucune des qualités qui arrêtent l'essor de la matière, elle peut disposer, retourner toutes ces choses, d'après sa nature. Ainsi, un palais enchanté, aux colonnes d'azur et de diamant, suspendu dans les nuages; un cheval ailé, le dragon qui transporte Armide, et toutes les images semblables sont complétement *fausses*, comparées au monde extérieur, où jamais il n'exista rien de pareil; mais ces images sont complétement *vraies* dans l'intelligence. C'est là qu'elles habitent, c'est là que leur brillant séjour est fixé; bien qu'elles soient fausses, quand on les compare au monde réel, il ne faut pas s'étonner de l'espèce de tolérance que la puissance du vrai accorde à ces êtres fantastiques. Leurs élémens sont exacts : un palais et du diamant; un cheval et des ailes. C'est leur ensemble, qui est la propriété de l'intelligence, c'est leur ensemble qui est nié par le monde extérieur, et qui par cela même dans le monde intérieur est une véritable création.

Voilà donc la cause de l'intervention que la puissance du vrai exerce toujours, même dans le pays des mensonges. Elle veille à ce que les élémens de l'imagination soient exacts. Elle veille à ce que les images soient composées de parties qui leur donnent un sens. Elle souffre également toutes les inventions, dont la plus exacte, sous le rapport du style, n'a pas une existence plus véritable que la plus fausse; car toute image, rapprochée du monde réel, ne peut qu'être fausse. Mais la puissance du vrai s'oppose à ce que le corps d'une femme dégénère en poisson; c'est sous sa dictée qu'Horace veut de la vérité même dans la fable. Pour la puissance du vrai, étudiant le monde comme il est réellement, un génie qui nage dans le vide absolu n'est pas plus faux qu'un ange qui vole dans l'azur de l'air. Ces choses sont également fausses; mais la première, tout aussi vraie dans l'âme que la seconde, est rejetée par la raison, qui a appris du monde extérieur qu'il faut nécessairement un point d'appui pour le vol. Aussi Milton a admis un éther, et n'osait lancer son ange rebelle dans le vide absolu.

Voici donc, mon fils, un fait curieux, l'apparition de la puissance du vrai dans le faux. Ce reste d'empire, cette juridiction du vrai dans la contrée enchantée de la fable, ce pouvoir par lequel il réprime les élans de l'imagination et proscrit toute contradiction, a reçu le nom de *goût*. Sans lui, rien n'empêcherait des bizarreries de toute espèce d'envahir les arts; mais la puissance du vrai, qui guide le juste et le beau, apparaît encore ici, pour adopter les produits rians d'une muse gracieuse et pudique, et pour chasser les monstres qu'enfante le délire.

Mais les puissances de l'âme vont beaucoup plus loin encore que de créer des images avec les élémens que leur transmet l'univers.

La puissance du vrai est parfaitement et purement vraie, et ne peut aller au-delà. Quand elle a constaté la vérité, son ministère est épuisé; il s'arrête, car son essence lui défend d'aller plus loin. Mais les autres puissances de l'âme n'ont pas ce caractère d'absolu dans leur nature. La puissance du vrai ne peut point s'imaginer un théorême *plus vrai* que le théorême géométrique, qu'elle vient de se démontrer; mais la puissance du juste peut s'imaginer un homme plus juste que le citoyen le plus juste de l'histoire, et une femme plus belle que toutes les beautés qui ont enchanté notre regard.

En un mot les deux puissances sont tellement faites, et sont tellement immenses, qu'elles peuvent appliquer les traits de leur essence aux idées qui leur sont envoyées de l'extérieur. Alors elles réalisent, soit par la peinture, soit par la sculpture, soit par la parole, des êtres empruntés à elles seules, et auxquels il n'est rien dans l'univers qui puisse être comparé.

De là, mon fils, les productions de l'*idéal*, source des plus nobles impressions, des plus séduisans plaisirs, puisqu'en les contemplant l'homme se contemple lui-même. Toute composition idéale démontre que son auteur a su donner une forme et une manifestation matérielle à des traits de son âme, qui, sans ces moyens, eussent resté à jamais dans les profondeurs d'où il les tira.

Par la vue de l'idéal, nos faibles regards découvrent une lueur mystérieuse qui vient du monde infini. C'est un éclair qu'il laisse échapper vers nous. L'idéal est une révélation.

Dans le jugement, c'est l'univers qui se présente à notre âme; dans l'*idéal*, c'est notre âme qui apparaît à l'univers. Dans le jugement, c'est l'âme qui est réduite à prononcer sur les simples rapports de la matière; dans l'idéal, c'est l'extérieur, c'est la matière qui porte le joug de l'âme et se revêt de sa haute nature.

Il y a donc un idéal de justice, et un idéal de beauté.

Souvent un artiste sent naître dans la profondeur de son âme des émotions telles que jamais il n'en éprouva de semblables, telles que jamais il n'a rien vu qui leur répondît. Tant qu'il ne choisira pas pour leur manifestation un procédé quelconque matériel , elles resteront nulles pour l'univers et incomplétement révélées à lui-même. Car son âme ne pourra bien se les peindre qu'en leur donnant une forme dans la sensibilité. Tant qu'il les retient en lui-même, il n'est pas *artiste*, il est seulement *contemplateur;* ses conceptions lui sont inutiles et obscures. Mais dès que son âme, comme tourmentée d'un feu secret, cherche un moyen de se communiquer et de s'ouvrir, dès qu'elle adopte une toile, un bloc de marbre, un langage, alors paraissent, au milieu du genre humain étonné, ces productions idéales, qui nous frappent d'une admiration involontaire et instantanée.

Ce sont des pensées de ce genre qui ont produit tant de madonnes par Raphaël, les vierges ravissantes du Dominiquin, les sourires d'enfans par le Corrége, la mère de Jésus par Rubens, l'Apollon, la Diane, le Bacchus, la Vénus du Belvédère, les portiques du Parthenon; les carac_tères d'Achille, de Tancrède, de Satan, les chants de Mozart, de Handel et de Gluck, tant de chefs-d'œuvre antiques et modernes, tant de conceptions idéales des poètes et des romanciers, où des grands hommes ont revêtu une matière, un caractère, une harmonie, des idées de grandeur qui étaient nées dans leur sein. En prenant le mot dans son acception la plus rigoureuse, ils ont été créateurs.

Sans doute les élémens de leur création ont été pris au monde extérieur; sans cela, elle eût été complétement inintelligible pour nous ; mais l'ensemble de la création ne lui appartient aucunement. Les traits isolés de la figure de l'Antinoüs existent peut-être disséminés sur de belles figures; mais son expression totale, son air divin, est l'ouvrage de l'artiste. Car le caractère distinctif de l'idéal est de faire parvenir à notre âme des impressions qui ne l'ont pas encore affectée, de lui rendre visibles les choses invisibles. Tel le vieil Ossian accordant sa harpe au milieu des orages, et demandant aux tempêtes de l'inspirer : ce n'est qu'un pauvre vieillard penché sur le bord d'un torrent; devant lui s'étendent de sombres bruyères, et les rochers qui l'environnent le protégent mal contre l'ouragan : mais son génie anime toute cette nature sauvage ; il évoque les souvenirs des temps qui ont passé, et cédant à l'imagination du barde, les vapeurs révêtent les formes des guerriers; de sourds gémissemens sortent des tombes; les filles des héros lui laissent voir leur front pâlissant ; toute la race de Fingal est debout devant lui.

Une autre remarque importante sur l'idéal, c'est qu'il est infiniment plus commun qu'on ne le pense. Tout homme a des conceptions de ce genre, tout homme se peint à lui-même les êtres les plus gracieux. Rien n'est plus facile que d'imaginer l'idéal. Pas de jeune homme, pas de jeune fille, dans ses momens d'illusion, qui n'appelle dans son âme les plus riantes images, que bientôt la triste expérience réduit à la réalité. Tout s'évanouit alors, et il reste le monde comme il est fait.

Cependant il y a un vif plaisir attaché à l'idéal; on conçoit alors que toutes les âmes doivent être promptes à le produire; aussi abonde-t-il chez tous les peuples, à tous les âges. Non seulement chacun a été éloquent, mais, à la production près, chacun de nous a été artiste bien des fois en sa vie. Il y a de l'idéal dans les esquisses légères que tracent les enfans dans leurs jeux; il y a de l'idéal dans tous les essais des arts, dans la disposition de nos vêtemens, le dessin des étoffes, dans les ornemens de toutes les manufactures, dans presque tous les décors de nos théâtres, dans une foule de produits du sculpteur, dans les formes des vases, dans le dessin des tapisseries, Que d'idéal dans les parures, dans les objets de mode, dans ces jolis objets de luxe, ornemens des salons, frivoles plaisirs, uniques délices des jeunes gens et des femmes de nos grandes villes! Dans tous ces produits divers de la féconde imagination humaine, il y a une foule de traits, de formes, de conceptions, d'ornemens, de figures, d'embellissemens, qui n'ont été vus nulle part avant qu'on les ait conçus. L'homme a rempli d'idéal le monde de la civilisation.

Nul doute que l'artiste d'un médiocre talent

ne puisse, en combinant matériellement des choses quelconques, des figures, des couleurs et des traits, arriver, par pur hasard, à un résultat heureux; mais l'artiste créateur, l'homme éloquent, celui dont l'âme nourrit le feu divin, conçoit avant de produire, et la toile, ou le marbre, ou le langage, exécutent à l'instant les ordres que son génie leur a donnés.

Comme toute production idéale révèle à celui qui la contemple l'existence de conceptions qui sont sorties des profondeurs de l'âme, de lui-même ou d'un autre; comme elle ne répond à rien d'extérieur, la créature doit éprouver à son aspect un bonheur que nous n'avons pas encore défini, mais qui doit être d'une nature vive et prolongée. Alors la créature rentre en elle-même, comme frappée du trait idéal qu'elle vient de recevoir, et s'examine pour découvrir si quelque chose de semblable est déposé en elle. De plus, un aspect idéal est toujours complétement nouveau. Le premier mouvement sera donc un effet de surprise; le second sera un effet de grande attention. Cette attention continuera, la créature sera comme absorbée. De là, cette longue méditation, cette espèce d'immobilité, cet extase qui s'empare de nous à l'aspect d'un produit idéal. Plus nous l'examinons, moins nous pouvons nous en détacher. Enfin, après l'avoir long-temps fixé, après nous être recueilli long-temps devant lui, nous finissons par nous rendre familière cette conception qui frappait de surprise. On finit, dans l'autre extrême, à la trouver facile à produire : on se figure qu'on l'aurait conçue. C'est que l'âme, à force de voir cet idéal, a mis en jeu le sien propre ; c'est que l'âme a frémi comme une corde toute voisine d'une harmonie à l'unisson. C'est qu'elle a retrouvé en elle-même, confusément déposée en son sein, cette étincelle de génie qui s'était allumée chez un autre. Dès-lors l'étonnement cesse. L'âme s'est reconnue. Jamais rien de semblable n'arrive à la puissance du vrai. A l'aspect d'une belle découverte des sciences, à l'aspect d'une machine très-compliquée et très-difficile, on a beau l'examiner, elle frappe de surprise, mais l'exécution n'en paraît jamais facile. La créature ne se flatte pas qu'elle y serait parvenue. En effet, il n'y a rien là qui réponde aux caractères de notre esprit. Tout est extérieur à nous. C'est un produit de l'univers, et non de nous-mêmes. Jamais nous ne pouvons rencontrer, au dedans de nous, quelque chose qui rappelle des produits tout extérieurs ; nous ne pouvons ici rien ressentir qui, pour ainsi dire, calme l'impression de nouveauté. Ici tout est étranger à nous, tandis que l'idéal c'est nous-mêmes.

Cependant, si répandue que soit la faculté d'avoir des conceptions idéales, il ne faut pas croire pour cela que le monde soit composé d'artistes, et que leur génie soit commun. Autre chose est de concevoir ou d'exécuter. La grande difficulté, le rare talent, c'est de donner une forme matérielle à ces produits. Il faut broyer du rouge, et du bleu et du vert, et avec cela peindre le mâle visage de Léonidas, les traits délicats de Sabine. Il faut faire tomber à grands coups le superflu qui recouvre la conception que l'âme a mise dans le bloc de marbre. Ce n'est pas tout d'avoir des pensées, on doit y joindre les termes. Il faut se faire un style, il faut trouver les images pour l'embellir, les mouvemens pour l'animer, la grâce pour le polir, l'éloquence, en un mot, pour lui donner éclat et force. Tout ceci n'est ni commun ni facile.

Il existe des hommes qui conçoivent très-bien et exécutent très-mal, comme celui qui invente le motif gracieux d'un chant, et qui ne saurait l'écrire et le noter. Il en est d'autres qui exécutent très-bien et conçoivent très-mal, comme le musicien qui rend parfaitement sa partie, sans jamais avoir eu une idée musicale qui lui appartînt.

Mais le grand artiste possède ces deux choses. Il doit être puissant d'invention comme de moyens; il doit joindre l'exécution à l'idée.

En général, le beau idéal plaît davantage et fatigue moins vite que le juste idéal. Tous deux ont beaucoup de charmes; mais le juste idéal est trop souvent convaincu de fausseté, démenti par l'expérience, et il constitue un état passif, sans passions, et alors, comme nous le verrons, sans mérite. Le beau idéal est plus vaste. Comme il répond à une idée plus grande et plus obscure, il est moins affecté par la contradiction de l'expérience, il plane davantage sur les accidens de la matière. En tous les genres, les artistes tendent sans cesse vers l'idéal. C'est le but constant de l'art; mais ce n'en est point la limite. Un produit de ce genre, quelque beau qu'il soit, étonne notre âme sans la satisfaire, la charme sans l'épuiser. Bien des conceptions existent encore dans l'âme, qui attendent les hommes de génie futurs.

On peut en effet d'après ce caractère classer les ouvrages des arts selon que leurs auteurs ont purement imité le beau, ou ont abordé l'idéal. Il n'en est aucun peut-être, qui n'ait mélangé ces deux choses, mais dans des proportions dissemblables.

La considération des divers degrés suivant lesquels l'homme a mêlé de l'idéal aux arts, peut fournir une classification naturelle de ces produits, et en même temps cette classification nous donne l'histoire fidèle de leur développement dans les divers pays et dans les divers états de la civilisation humaine.

Au premier degré de l'échelle sociale, l'homme faible, solitaire, ignorant, se trouve, non dans l'état de nature, mais dans l'état de barbarie. Même alors son imagination travaille, et sa loi d'idéal cherche à percer; mais il n'a encore à sa disposition ques des moyens grossiers, l'industrie lui manque. Dès lors le sentiment idéal qui l'obsède se manifestera par des moyens d'une grande simplicité. Des pierres amoncelées, des masses de terres, des constructions grossières et uniformes serviront de premiers représentans à ses sensations. De là les tumulus, les pyramides à peine taillées, les amulettes, les fétiches des peuples sauvages. Il est imposible de dire à quoi ressemblent ces produits étranges; ce sont les symboles grossiers et premiers de l'idéal.

Après ces essais, naîtront, mais dans une civilisation plus avancée, les *arts du dessin*. Ils seraient même les premiers de tous, parce que la figure humaine et un produit naturel qui émeut la puissance du beau. Mais ce qui arrête leur développement, c'est la grande difficulté de copier fidèlement de belles formes. Cependant des essais de ce genre paraîtront, et sur les masses informes de la première période on verra figurer des figures humaines, vaguement indiquées. Le *bas-relief* naîtra; mais les formes seront peu senties, comme celles des antiques dieux d'Égypte.

A mesure que la société perfectionnera ses moyens, *la sculpture* se développera, et enfin elle absorbera les autres arts. C'est ici que les créatures profiteront des formes exquises de la figure de l'homme, non pas uniquement pour les copier, mais pour les varier de mille manières, pour les disposer dans toutes les attitudes, et pour y graver ces conceptions idéales dont les statues antiques nous offrent tant d'exemples. Alors tout dans la société va revêtir cette empreinte d'idéal; la plus petite pierre, le plus commun des ustensiles domestiques prendra une aprence poétique et nous paraîtra façonné avec un goût exquis. Les Grecs et leurs héritiers, les Romains, furent un exemple de cet état remarquable.

A côté de cet art et parallèlement à lui, il en naîtra un autre, fruit de méditations d'un tout autre genre et entièrement idéal; ce sera l'*architecture*. Voici déjà un produit absolu de l'âme humaine. En considérant cet art chez les diverses nations, chez les anciens Grecs, en Égypte, dans le nord de l'Europe, ou chez les peuples d'Asie, on trouve que partout il a donné naissance à des produits qui ne sont l'image d'aucune chose naturelle, et qui n'ont pu être empruntés au monde extérieur. Les temples d'Egypte, ni les sanctuaîres indous, ni le Parthenon, ni les églises gothiques de Cologne ou de Milan, tout cela ne ressemble à rien. Ils ne nous représentent rien qui existe dans la nature. Une élégante colonne corinthienne ne ressemble aucunement à un tronc d'arbre, et des piliers à arceaux gothiques ne ressemplent ni à des faisceaux de lances, ni à un travail de liens d'osier. Ce sont des produits purs de l'âme, dont il faut étudier la cause et les lois dans l'âme même, qui les forma. En un mot, il n'est rien dans l'univers qu'on puisse rapprocher de l'architecture.

A mesure que la société avance, une autre imitation se présente, bien plus vaste et bien plus difficile; c'est l'imitation de la nature entière. Il ne s'agit plus ici pour l'artiste de mouler des formes, ni de tailler des matières solides en rapports harmonieux : il peut faire plus. Il peut représenter le monde entier, l'air, le jour, la nuit, l'océan, le soleil, et surtout toutes les variétés de l'expression et toutes les nuances des désirs et des sentimens de l'homme. *La peinture* se présente douée des ressources puissantes et de la magie de sa palette. C'est le plus vaste des arts. Rien ne lui est étranger. Mais s'il copie fidèlement de beaux spectacles, si la nature lui offre sans cesse une source abondante de modèles, rarement cet art a suivi servilement la nature. Au contraire, sa perfection consiste à la dépasser, et c'est ce que l'école romaine de Raphaël a accompli. Toute grande peinture est remplie d'idéal; elle en montre non-seulement sur les traits humains qu'elle représente, mais même dans les spectacles naturels qu'elle semble copier, et que réellement elle embellit suivant des procédés mystérieux. Elle met de l'idéal dans les paysages, dans les sites, dans les marines, et même dans les portraits dont elle embellit et orne la ressemblance. C'est une basse peinture que celle qui ne fait que copier, et dans les ouvrages des maîtres de toutes les écoles on pourrait trouver de l'idéal même dans les sujets les plus communs.

C'est moins l'imitation exacte et la fidélité scrupuleuse, que l'idée poétique et la proportion d'un idéal sublime ou gracieux, qui fait le grand artiste. Trop d'exactitude nuit à l'effet, et un calque mathématique de la nature n'est pas un tableau.

Enfin, plus profondément encore dans l'âme, et au sommet le plus élevé de l'idéal, naît la *musique*. Si ce n'est pas l'art le plus puissant, c'est incontestablement l'art le plus immatériel. Du son, des notes, des accords, du chant, à quoi tout cela ressemble-t-il? y a-t-il un phénomène extérieur quelconque auquel tout ceci puisse être comparé? La sculpture, la peinture sont des copies avec plus ou moins de mélange d'idéal, mais la musique est une pure création. Dans la nature, dans la voix des oiseaux, il existe des modulations et quelques notes. Mais où Handel et Mozart ont-ils vu le modèle de leurs grandes masses d'harmonie? Nulle part dans l'extérieur, et seulement en eux-mêmes. Aussi la musique, art entièrement personnel à l'âme, est celui qui la pénètre le plus profondément. A l'ouïe de ses accords délicieux, la créature oublie qu'elle est encore dans le monde. Elle s'élance dans ce séjour mystérieux de l'idéal, où la cause et les lois de l'harmonie sont placées, et c'est à regret qu'elle redescend sur cette terre, quand les sons s'évanouissent. La théorie suffit donc pour nous apprendre le caractère général des arts. Tous, sans exception, sont empreints d'idéal. Mais il en est qui revêtent d'idées des choses ou des faits donnés par la nature : ce sont la sculpture et la peinture. On les peut nommer *arts d'imitation*. Il en est d'autres qui n'imitent rien, et qui, à l'aide de moyens matériels (des corps, des sons), réalisent des conceptions entièrement intellectuelles, et qui n'ont aucune existence hors de l'âme : ce sont l'architecture et la musique. On les peut nommer *arts de création*. En général, ils se développeront plus tard, et ils seront plus impressifs, en raison qu'ils atteindront plus complétement l'idéal, leur but commun.

Tous sont astreints à la juridiction de la puissance du beau; ils forment sa cour. Les uns, tels que les arts du dessin, satisfont plus spécialement l'essence de la puissance du beau, qui est l'admiration : aussi sont-ils les premiers à naître. Les autres, plus spécialement arts de création, satisfont à la fois et son essence et sa forme, et nous plaisent par le double sentiment de l'admiration et de l'harmonie. Tous indistinctement réveillent en nous des impressions intérieures, et tous aussi, par la puissance et la variété des émotions qu'ils nous envoient, nous laissent voir l'étendue de cette loi du beau, qui embrasse la nature entière, et qui attache à des corps inertes des caractères d'harmonie et d'admiration. Par son action, l'univers a d'autres plaisirs pour nous que ceux de la vérité pure, et la création s'anime d'un nouvel éclat. »

XI.

Jusqu'ici Rienzi avait prêté l'oreille en silence aux enseignemens du sage del Ligurri. Tout semblait s'être réuni pour produire sur lui la plus complète impression. Il était puissamment séduit par l'air de bonne foi de Caritéas, par la douceur de ses paroles, par l'autorité de sa conviction, par la vue de cette figure âgée, où se montraient encore quelques éclairs : car le vieillard ne cachait pas la satisfaction avec laquelle il parcourait tant de sujets élevés, et il voyait avec joie le calme et la paix descendre dans l'âme de l'étranger. Mais Rienzi, comme tout jeune homme livré à des passions impétueuses, avait surtout médité sur la nature morale de notre être. Il sentait vivement, et les enseignemens de Caritéas laissaient encore un grand vide dans son cœur. Il voulait connaître la source de ces sentimens profonds et indéfinissables, d'attachement, de dévoûment, d'amour enfin, qui remplissent de leurs impressions toutes puissantes bien des jours de notre vie. C'était là qu'existait à ses yeux le plus grand mystère de notre destinée, le plus grand secret de notre être; à moins qu'on ne levât le voile, rien encore n'était expliqué pour lui. Ainsi, désirant connaître l'avis du sage religieux, et enhardi par sa bonté , il l'interrompit en ces termes.

« Mon père, j'écoute attentivement ta voix. Tu calmes mes doutes; tu me montres qu'il y a quelque chose de réel et de positif dans la beauté et dans la justice. Tu m'as expliqué à moi-même mes impressions. Mais lorsque tu m'appris les lois de notre nature morale ; lorsque tu me fis voir cette puissance du juste veillant au salut de notre race, et ramenée à elle par le remords; lorsque tu me peignis cette douce pitié née au milieu de la famille et s'étendant sur le genre humain, tu oublias de me dévoiler les lois de notre âme, et surtout ses devoirs, quand elle est livrée aux transports de cette passion terrible , qui s'allume si vite et qui consume si long-temps, la plus forte et la plus mystérieuse de toutes celles qui se disputent notre cœur. Qui n'en a ressenti les atteintes ? qui n'a passé dans l'amour les plus belles années de sa jeunesse? Quel est ce feu qui embrase le genre humain? Cette passion, célébrée par tous les arts , chantée par tous les poètes , parce qu'elle anime toutes les âmes, est encore un secret , un songe, un abîme où s'engloutit tout le savoir humain , et ceux qui la ressentent le plus sont peut-être ceux qui peuvent l'expliquer le moins. Souffre , mon père , que je t'apprenne mes doutes, mes inquiétudes et ma curiosité sur ce mystérieux sujet.

Ainsi que tu me l'as appris, tous les sentimens moraux se réduisent à l'exercice de la pitié et au respect pour la liberté. Avec ces deux guides, on sera juste au milieu du genre humain. La pitié est l'esclave de la justice. Dès-lors elle doit être moins réfléchie qu'ordonnée; elle doit être plutôt une inspiration qu'un jugement. Oui, ce n'est pas une délibération; nous sommes contraints d'obéir à cet ordre qui semble la voix du ciel. Les affections de famille, les saintes et douces amitiés qui naissent et grandissent à l'ombre du foyer domestique sont aussi des sentimens instinctifs qui prennent racine dans notre cœur, sans que nous en puissions saisir les premières traces. Mais l'amour, ce premier amour qu'éprouve un jeune homme, ne ressemble à rien de tout ceci. Quand on a le malheur de le ressentir à ce degré de force que connaissent seulement les âmes tendres et passionnées, il se montre avec les caractères les plus mystérieux. Autant que je puis les retracer dans le trouble où mes souvenirs me jettent, autant que je puis réfléchir à des questions dont toute réflexion semble bannie, voici, mon père, comme je conçois les impressions de l'amour, qui sont peut-être liées aux qualités les plus obscures et les plus profondes de notre cœur.

D'abord, mon père, plus je songe à l'amour,

plus je reconnais que c'est le seul sentiment où la nature ait placé l'un à côté de l'autre, ou plutôt ait indissolublement lié un vif plaisir et une grande vertu. Je ne vois point qu'une telle alliance existe autre part. Tu ne m'as point parlé encore, mon père, des sources du mal et du bien, des obligations de l'homme et de ses tentations, du long et terrible combat qui s'élève au dedans de lui entre ses passions et ses deviors; mais qui mieux que toi peut savoir que les plaisirs des sens, vifs, violens, délicieux même, ne sont jamais mélangés d'impressions morales? La jouissance, la pure et brutale jouissance, voilà tout ce qu'ils renferment. L'homme nage dans les délices, au risque de perdre la santé, la vie, et mieux que cela, l'honneur même. Mais il sent, au milieu de ses joies, que tout ceci est néant; il épuise bientôt la coupe voluptueuse, et le dégoût profond suit l'insatiable plaisir. Aucune satisfaction des sens n'est accompagnée d'un sentiment délicat et moral. Mais ainsi ne se conduit point l'amour. Qui n'a ressenti, à côté de l'ivresse du désir, le respect pour l'objet aimé? Qui n'a ressenti, à côté des passions délirantes et des souhaits tumultueux et indiscrets d'un cœur brûlant, ce sentiment délicat et tendre, ce ménagement délicieux, d'autant plus respectueux que l'on aime davantage; car, pour celui qui aime véritablement, la vaine et passagère possession n'est pas l'unique but du cœur. Bien d'autres choses compliquent l'amour. Qui peut dire de combien d'inquiétudes, d'angoisses, de tourmens secrets, cette passion est l'assemblage.

Je ne vois aucun autre sentiment où la nature ait rapproché et comme confondu le plaisir dans les sens et la vertu dans l'âme; mais voici un trait de l'amour qui me paraît bien plus mystérieux.

Tous les autres sentimens de l'âme sont expansifs; tous aiment à se répandre au dehors; tous voudraient embrasser dans leurs affections le genre humain. La justice, la philosophie commandent la charité, l'intérêt pour tous. A leurs yeux, aucune créature ne doit être indifférente à l'autre. Mais l'amour, qui est cependant aussi une vertu, commande l'indifférence la plus absolue pour tous les êtres, hormis pour ceux qui se sont promis fidélité. Aux yeux de la pure philosophie, la fidélité est une espèce d'égoïsme. Pour la femme qui aime comme elles doivent aimer, il n'existe plus des hommes; il n'y en a qu'un seul, c'est son amant. Pour lui, elle désobéit à tout, elle brave tout; elle quitte sa famille, déserte les amies de son enfance, abandonne sa patrie, ses foyers. Pour elle, le monde a disparu. Il y a plus, cette passion entraîne une fidélité parfaite. Sans fidélité, l'amour est nul; il veut de l'exclusion. Il commande une possession unique, et le sombre cortége de crimes que la jalousie enfante démontre que cet égoïsme, cette concentration des sentimens, en est inséparable. Comment expliquer toutes ces choses ?

La complication de cette passion terrible s'accroît encore, quand ceux qui l'éprouvent ressentent qu'elle n'est aucunement raisonnée, et en même temps qu'elle est la plus vive de toutes celles qu'on puisse éprouver. C'est de tous les sentimens le plus énergique et le plus délicieux. Qui peut dépeindre l'intensité de l'amour ? Il naît à l'improviste, il transporte, il anime, il embrase la créature. Oui, mon père, tout homme qui aime est dévoué, est brave, est éloquent; la passion l'agrandit. Sous cette influence, tout en lui semble s'ennoblir et devient moins matériel. Aucun sage, aucun philosophe n'échappe à cet empire. L'influence de la beauté est irrésistible, et tous à son aspect imiteraient ces vieillards troyens, aux yeux desquels la seule vue d'Hélène justifiait la guerre sanglante de Troie.

On peut, en réfléchissant sur l'amour, y trouver ces caractères, qu'il est composé en même temps de plaisir et de vertu, qu'il est profondément exclusif, et d'une énergie que rien ne maîtrise.

Je n'ai pas besoin, mon père, de dire ici de quel genre d'amour je parle devant toi. Il n'est pas nécessaire d'observer combien ceux-là se trompent, qui s'imaginent que dans le véritable amour l'idée du plaisir des sens soit l'idée dominante du cœur. C'est bien plutôt, au contraire , un attachement excessivement vif, un complet désintéressement de soi-même qui constitue cette passion. Et faut-il en donner une preuve sans réplique? C'est que souvent une jeune fille sent naître en son sein un feu secret et tendre, dont elle ne peut se rendre compte. L'amour lui laisse toute son innocence. Chose bien inexplicable! abîme du cœur humain! plus d'une jeune fille s'est donné la mort pour suivre son amant, bien avant de savoir qu'il existe une volupté. Tel est le caractère saint et pur de cette puissante passion. Ceux qui nient cette pureté, ceux qui voient l'amour là où il n'est pas, sont les hommes habitués à la licence des capitales et qui se blasent dans leurs plaisirs faciles; mais jamais ils n'ont vu naître un premier attachement dans une âme tendre; jamais ils n'ont senti que le comble de la passion est de respecter une maîtresse.

Quels sont les êtres insensibles qui ont ainsi calomnié ces purs attachemens? Ce sont tous ces jeunes gens des grandes villes, qui traînent jusqu'à une vieillesse précoce une existence inutile à la chose publique et funeste aux bonnes mœurs. Des femmes perdues , leur ordinaire conquête, sont le cercle d'où ils jugent la tendre amante, la chaste et vertueuse épouse. Vivant dans le désordre, le libertinage, l'égoïsme et la dureté, mille fois trahis et méritant d'être trahis par les femmes qu'ils trompent, ils se transportent dans le monde, qu'ils jugent d'après eux-mêmes. Ils étendent leur vie habituelle; ils passent condamnation sur le monde, sans s'apercevoir qu'ils l'ont insulté; et en le jugeant sévèrement, ils ne voient pas qu'ils se jugent eux-mêmes.

Et cette puissance du vrai, que tu m'as dépeinte, mon père, gouvernant toutes les choses de ce monde, et prononçant de toutes parts ses arrêts, semble ici perdre ses droits. Ici finit son empire. On peut dire que presque jamais l'amour ne l'écoute. Il méprise la puissance souveraine de l'univers. Nul sentiment n'est moins fondé sur la raison. Il se joue des convenances, des situations, du rang, de la fortune. Il produit mille bizarreries, et ainsi un homme, désagréable à tout le monde, peut être idolâtré. Comment encore dépeindre le style, le langage des amours ? C'est un style de feu, que celui de l'amour. Aucun autre n'inspire des idées plus prononcées et des mots plus vifs. Il se joue de notre liberté; il méprise souverainement nos résolutions. Souvent la créature humaine, triste, délaissée sans espoir, nourrit un feu caché. Le monde ignore sa douleur. Toute société l'irrite; la solitude convient à sa tristesse. Mais quand elle égare ses rêveries, quand elle cherche à oublier ses peines, partout elle voit cette image chérie, dont le souvenir la tue; elle la voit en tout lieu, comme Héloïse dans un auguste mystère voyait encore son amant. »

Caritéas à son tour écoutait tranquillement le jeune Rienzi raconter l'effet tumultueux des passions qu'il avait ressenties, et se peindre lui-même en décrivant l'amour. Après les élans d'un cœur tendre et d'une âme oppressée, quand le vieillard reprit le cours de ses méditations, on eût dit la voix d'un être céleste, ministre de paix et de sagesse. Rienzi se tut un moment; il semblait appeler les paroles du vieillard comme nos premiers parens, suivant Milton, saluaient de loin l'ange de lumière, l'envoyé de Dieu. Enfin Caritéas reprit ainsi.

« Je te plains, mon fils, d'avoir éprouvé toutes les angoisses d'une passion terrible, sans jamais avoir senti en ton cœur les motifs de consolation qu'elle présente, et les grands traits de notre nature, qu'elle dévoile à tous les yeux. Nous allons maintenant traiter plus sérieusement ces questions, qui ne sont pas frivoles. Nous allons parler de l'amour avec la gravité de la philosophie. Nous allons résumer ses caractères, et leur demander ce qu'ils nous apprennent.

Je ne te parlerai pas, mon fils, de mes souvenirs; après le long repos de ma vieillesse, et le calme de mes derniers jours, je ne remonterai pas à ces temps où j'ai souffert comme toi. Je ne me flatte point d'une force d'âme qui n'est donnée ici-bas à personne: qui peut se souvenir d'avoir toujours resté ferme contre l'ardeur des passions du jeune âge? Mais les passions finissent, l'homme vieillit, le cœur se resserre, les plaisirs ne sont plus de saison. Chacun parvient à cet inévitable terme. Ainsi poursuivons donc, mon fils, le cours de nos méditations, et peut-être pourrons-nous lier les phénomènes de l'amour aux grands principes de l'âme, aux grandes idées de l'intelligence, à ces idées qui survivent à tout le reste et qui planent sur le tombeau même.

En réfléchissant profondément aux caractères de l'amour, de l'amour vif et véritable, tel que tu l'as ressenti, nous y trouverons constamment deux caractères : l'idée de beauté et l'idée d'estime. Ces propriétés de ce sentiment seront même inséparables. Tout amant croit découvrir chez la femme qu'il aime quelque chose de séduisant dans l'extérieur, quelque chose d'attrayant dans l'âme. Ce dernier trait est même le plus curieux de tous. Sans estime, pas d'amour; qui se déciderait à aimer un être avili, un être flétri par le vice? Sans doute on a vu sous ce rapport des bizarreries bien étranges; même dans ce cas on se trompe soi-même, et malgré les préjugés sociaux, et des défauts quelquefois réels, la personne aimée paraît ravissante à l'imagination séduite.

Il y a donc constamment dans l'amour exercice très-vif de la puissance du juste et de la puissance du beau. Cela est si vrai, que l'amour est capable de tous les héroïsmes, et que nulle femme ne paraît plus belle que celle qui nous a plu.

De plus, l'intérêt mutuel des deux créatures,

sous l'empire de cette passion, est si vif, que le simple bonheur de se voir et de se parler semble préférable à toutes les félicités terrestres. C'est alors qu'il s'établit cette intimité de vues, ce rapport parfait de deux cœurs qui s'entendent. C'est alors que les langages humains disparaissent, et qu'un signe, un sourire en dit plus que de l'éloquence. Enfin, les deux puissances du beau et du juste de ces deux âmes semblent s'être confondues, et être passées de l'une dans l'autre, pour ne plus faire qu'un moi. En effet, on dirait que les amans renoncent, autant que cela peut se faire, à leur identité personnelle. Leurs affections, leurs craintes, leurs vues se partagent, L'un vit dans le cœur de l'autre. Pas de plaisirs qu'ils ne goûtent réunis; pas d'inquiétudes qu'ils ne se communiquent. Le chagrin de l'un anéantit la joie de l'autre. Telles sont les lois de cette passion.

Mais au milieu de tous ces sentimens, qui sont sans fin, sans limite et sans satiété, la sensibilité se présente, et réclame sa part. La volupté leur offre ses jouissances d'un moment. Alors intervient entre les amans ce sentiment admirable appelé *la pudeur*, qui résiste, qui fait attendre, et qui par un délicieux retard et le plus doux combat semble protester contre les désirs de la sensibilité. Ce sentiment admirable et exquis est parfaitement original. Il existe dans les deux sexes, mais plus fortement chez la femme, qui a plus à perdre, qui aime davantage, et dont les puissances de l'âme sont plus expansives. Rien ne mérite plus d'être médité que la pudeur. Aux yeux du physiologiste, la pudeur est une absurdité, et rien dans l'organisation ne l'explique, tout est disposé pour la condamner. Ce sentiment délicat vient du fond de l'âme humaine. Quelle preuve plus complète qu'il est deux êtres en nous, les désirs et la raison. Quelle démonstration plus évidente que les puissances de l'âme, ennemies par nature de toute jouissance purement sensuelle, s'empressent de s'opposer à la plus vive de toutes? C'est surtout ici, mon fils, que l'homme a été traité comme un être supérieur aux animaux; une main invisible semble avoir voulu jeter un voile de dignité sur ses plaisirs.

Tout ce sentiment analysé se réduit donc à ceci. Deux créatures se voient et se jugent. Toutes deux se trouvent *belles* et *vertueuses*. Elles se plaisent, et aussitôt elles s'estiment, et aussitôt le plus vif, le plus héroïque attachement s'établit entre elles. Voilà le moral de l'amour, le reste est de la physiologie.

Mais ce mouvement si vif, si puissant, de deux âmes l'une vers l'autre, doit sans doute être occasionné par quelque propriété interne de l'âme, ou par quelque propriété des objets de l'univers. Seraient-ce des objets hors de nous, des vagues désirs, les aiguillons de la sensibilité? Non, puisque l'on s'aime vivement bien avant de les connaître. Serait-ce le résultat de quelque émotion interne des puissances de l'âme? Non encore, puisque rien, dans les propriétés de l'esprit individuel, dans les lois de la pensée individuelle ne paraît motiver la subite apparition d'un attachement réciproque commun à deux êtres, qui s'allume on ne sait comment, et saisit la créature à son insu.

Et comme autre caractère de cette passion, non moins indubitable, nous poserons celui-ci : l'amour ne se commande pas; il ne naît ni se calme à volonté. Il maîtrise notre liberté, et nous entraîne après lui.

Voici donc un fait; l'amour qui échappe à ces deux choses, nous et l'univers, qui refuse de se laisser classer parmi ces deux sources de toutes les impressions humaines, voici donc un fait duquel la cause n'est ni en nous ni hors de nous, et sur lequel pèse quelque chose de la loi de nécessité.

Donc la cause de ce fait est antérieure à nous, donc il faut admettre dans le moi de diverses créatures un penchant natif à se rapprocher, à se confondre; ce penchant, une fois réalisé, produisant sur-le-champ une grande intimité, et comme une longue connaissance, doit provenir d'une cause extérieure qui a précédé l'état d'existence actuel.

Je regarde donc comme très-probable, mon fils, sans m'écarter des lois de la philosophie, qui veulent qu'on remonte le plus haut possible dans la recherche des causes, que ce fait inexplicable de l'amour moral, se développant sans raison ni en nous ni au dehors, est la preuve que les puissances de l'âme, déposées chez les créatures, ont une source commune, et ont déjà eu des rapports que l'amour continue. Sans doute un profond mystère et les plus épais nuages recouvriront toujours cette partie inconcevable des sentimens de notre âme ; mais je suis surtout frappé, dans le développement de l'amour, de cette promptitude avec laquelle les amans se devinent et s'entendent. Rapides comme l'éclair, les âmes se rapprochent et s'élancent à la rencontre l'une de l'autre. Comment concevoir ce fait certain, à moins d'admettre une sorte de préexistence, une espèce d'antériorité, par laquelle les phénomènes énergiques de l'amour seraient le développement et la suite des actes de l'âme humaine qui ont précédé cette vie.

Nous ne savons pas, mon fils, à quelle période de son existence l'âme humaine se trouve placée maintenant, pas plus que nous ne savons depuis quel temps la grande machine de l'univers se meut, et à quelle distance de leur apparition première se trouvent aujourd'hui tous ces corps qui ont roulé silencieusement dans l'étendue, sans nous révéler leur âge ni marquer leur vieillesse.

Faut-il donc admettre que les puissances de l'âme, que chacun de nous a reçues en dépôt, se sont déjà entendues, se sont déjà vues, pour ainsi dire, et que l'amour, le saint amour, est la suite terrestre de ce nœud éternel. Pourquoi être surpris alors de son intensité, de sa force, de son énergie, de son dévoûment, de son instantanéité. Dans l'amour, les puissances séparées se rejoignent, et, comme des voyageurs qui se sont égarés se retrouvent avec délices, elles continuent ensemble leur course infinie.

Ce qui porterait assez à le penser, c'est que ces phénomènes admirables et subits de l'amour sont ceux qui continuent notre race et perpétuent le genre humain; comme si les puissances du juste et du beau, qui se retrouvent dans cet univers, dussent sur-le-champ, par un décret mystérieux, s'opposer à ce que tous les êtres immatériels viennent s'absorber dans une seule grande unité; comme si, après s'être reconnues, elles fussent chargées de se disséminer encore; comme si elles dussent ne se rencontrer que pour faire résulter de cette union des êtres composés de chair et de sang, doués de sensibilité et de sens, destinés à faire sortir un autre juste et un autre beau de leur repos, et leur donner le moyen de régner sur un univers matériel.

Cette hypothèse une fois admise, il est évident que c'est en leur qualité de puissances du juste et du beau que les puissances de l'âme se sont rencontrées et reconnues. Leur exercice, leur nature, leurs lois n'ont donc point commencé dans ce monde, et sans doute ne finiront pas quand il aura disparu pour elles. Elles existaient déjà dans un passé obscur, elles sont réservées pour un avenir mystérieux, toujours revêtues, toujours douées de leurs caractères éternels de beauté et de justice. Leur forme n'est donc un produit ni de l'expérience, ni de l'éducation, ni du monde, ni même de la naissance. Leur durée dans le passé est le garant de leur immortalité future. Ainsi, mon fils, c'est l'amour qui comble l'abîme jeté entre nous et deux mondes, celui d'où nous venons et celui où nous allons. Ainsi ils existaient donc quand nous sommes nés, ils ne périront pas quand nous devrons mourir, ces impressions de l'âme si délicieuses et si pures, ces sentimens du cœur si vifs et si tendres, qui ont agité délicieusement notre passage. Sermens sacrés, momens de bonheur, joies domestiques, ravissemens du beau et du juste, nous ne vous perdrons jamais! Ne serait-ce pas une idée de votre éternité, un pressentiment de vos lois, que cette touchante prière de tant d'amans qui voulurent être réunis dans le tombeau? Leurs froides cendres ne se ranimeront plus; mais peut-être les puissances de leurs âmes seront-elles réunies un jour, sans que la mort, si puissante sur la matière, ait pu briser cet amour immortel qui donne la vie. »

XII.

« Nous avons pu étudier la théorie de l'idéal
avant d'examiner ce que c'est que la poésie.
L'idéal en effet est un phénomène pur. Il n'est
profondément atteint d'aucune des conditions du
monde extérieur. L'âme conçoit, choisit un
moyen matériel, et exécute. La conception est
toute de son domaine, et elle n'emprunte un
moyen au monde sensible que faute de pouvoir
autrement se manifester. La poésie se conduit
autrement. Muse des actions et des passions humaines, elle doit descendre du Pinde et prendre l'apparence de l'humanité, sa forme doit être
la grâce et le bon goût, et son domaine est l'activité. Elle ne se borne pas à des contemplations;
elle pénètre dans les réalités. L'idéal ne donne
guère de leçons. Il détache des choses de la terre
en rendant présens à notre âme ses traits les
plus cachés. Il assiste à ce qui se passe, et dans
le désordre général, au milieu des égaremens
des désirs, et du trouble de l'histoire, ces conceptions de l'âme idéale, ces tableaux, ces statues, ces discours marqués d'une divine empreinte,
semblent conserver, au milieu des races avilies, l'i-

déal du beau et du juste, comme leur leçon et leur modèle. Mais la poésie fait plus que cela ; elle commande, elle tempère, elle inspire, elle console, elle relève la faible innocence ; et saisissant sa lyre indignée, le poète répand à son gré la douleur, les alarmes, annonce l'apothéose du patriote, ou flétrit les joies des tyrans.

Cessons, mon fils, de nous abandonner aux prestiges de cet art divin, de ne faire attention qu'à ses effets, et ayons le courage d'analyser froidement la riante poésie.

Nous avons reconnu dans l'âme humaine d'existence de deux puissances, juges souverains des idées, la puissance du juste et du beau. Le juste ne s'enquiert que de la vertu et de la liberté. Le beau peut être ému par la vertu, la liberté et l'harmonie ; il est donc plus vaste, et embrasse plus de choses. Mais tout est lié, tout se tient dans l'âme humaine. Toutes les parties de ce merveilleux ensemble ont une tendance à se rapprocher, à se réunir. Tout dans l'âme humaine converge vers l'unité. Les puissances du juste et du beau, quoique toutes différentes par leur nature, ont des liens mystérieux qui les unissent sans les confondre. On dirait que ces puissances ont une même origine, et qu'autrefois réunies, elles tendent à se confondre de nouveau.

Quoi qu'il en soit de cette vue que nous ne suivrons pas maintenant, il est un fait indubitable et très-important dans la théorie de la science, c'est celui du rapport non entre les puissances de l'âme et les objets, mais entre les puissances de l'âme entre elles. Ce rapport intime nous est en quelque-sorte annoncé par les qualités qui réunissent le juste et le beau. Puisque le beau peut être ému par la vertu comme par les tableaux magnifiques de la nature, puisque, outre sa forme propre, qui est l'harmonie, il possède encore cette forme de liberté, qui distingue plus spécialement la puissance du juste, ne nous étonnons pas de voir ces deux forces se rencontrer, pour ainsi dire, se chercher, et des plaisirs, des impressions de l'ordre le plus élevé jaillir de ce contact.

D'après les deux formes de liberté et d'harmonie communes aux deux puissances, nous devions nous attendre à ce qu'elles se rencontrassent en un point. Ce sont ces phénomènes que nous allons examiner. Ce sont les impressions où la liberté se rencontre avec l'harmonie.

En général, il est facile d'indiquer des cas très-nombreux où les puissances de l'âme, agissant ici non pas isolément, mais à la fois, établissent des rapports, des analogies entre les phénomènes, qui sembleraient ne devoir appartenir qu'à l'une ou à l'autre séparément. Ainsi le poète qui a dit que le pouvoir d'un Dieu qui calme les flots ressemble à l'effet de l'éloquence qui apaise la sédition, a rapproché deux choses totalement distinctes et complétement dissemblables. L'agitation de la mer est un fait exclusivement de l'ordre physique; l'impression de l'éloquence est un fait exclusivement de l'ordre moral. Quel rapport peut-il donc y avoir entre eux? Par quelle étrange confusion, ou plutôt par quelle heureuse hardiesse s'est-il avisé de rapprocher ainsi deux objets qui sont de deux univers différens, et qui paraissent s'exclure? Comment a-t-il osé jeter un pont sur l'abîme qui les sépare? Comment se fait-il surtout que par cette imprudence il ait attaché à sa mémoire les hommages de la postérité.

Le poëte qui a dit que la fin d'un vieillard vertueux est le soir d'un beau jour, n'a pas été ni moins heureux ni moins hardi. Comment a-t-il pu se peindre la ressemblance entre le calme de l'homme juste expirant et le calme du soir? Existe-il deux choses plus dissemblables?

Mais comment, mon fils, nous dépouillant de l'impression délicieuse que font naître ces rapports, que produisent ces comparaisons, comment osons-nous les trouver fausses? Comment réussissons-nous à ne pas nous y complaire avec le reste du genre humain. C'est que nous les examinons à la pure balance du vrai; c'est que nous nous sommes faits mathématiciens à propos de poésie; c'est que nous avons nié tout un nouvel univers; c'est que nous avons refusé de nous arrêter sur cette portion de notre âme où le juste et le beau se rencontrent, sur ce sol antique et consacré, foulé par les favoris des muses, où croissent sans culture les roses et les lauriers.

Nous admettons enfin, comme prouvé par des faits nombreux, que les puissances de l'âme sont douées d'une force par laquelle elles tendent à se réunir, à s'entrelacer. Et ici il est nécessaire de généraliser ces expressions. Sous l'empire de la puissance du juste se rangent toutes les affections et toutes les actions morales; elle comprend encore, comme toute autre puissance de l'âme, les actions ou les faits qui sont signalés par sa nullité, plus ou moins complète, l'indifférence, ou par son absence plus ou moins positive, le crime, l'injuste. La faculté du beau renferme à son tour tous les spectacles, tous les objets soit de la nature ou des arts, qui peuvent exciter cette faculté; toutes les harmonies, tous les objets d'admiration et leurs contraires.

Contemplées ainsi de ce point de vue élevé, il est facile de voir que l'une embrasse toutes les actions et influences morales, d'un côté, et que l'autre embrasse presque tous les objets de la nature physique, de l'autre. Les deux classes d'objets où ces deux puissances ne pourront jamais se réunir seront ceux où toute liberté, toute passion est bannie, et ceux où toute harmonie, toute beauté n'existera pas. On voit ainsi que cette force de rapport que nous étudions maintenant pourra établir des analogies et des rapproche-

mens entre une foule d'êtres tout-à-fait dissemblables. Nous pouvons maintenant poser une définition. Ce pouvoir, mon fils, qui est accordé
à l'âme humaine, de rapprocher les objets soumis
aux lois du juste des objets soumis aux lois du
beau, d'établir un rapport entre un objet ou une
action physique et un objet ou une action morale,
constitue, dans le sens le plus vaste, ce qu'on
nomme *la poésie*.

C'est un des instrumens les plus universels et
les plus puissans que notre âme possède. Ce n'est
pas une faculté à part, c'est le croisement des
deux puissances. L'objet physique s'appellera une
image; l'objet moral s'appellera un *sentiment*.
Ainsi, éprouver des impressions morales, chercher une image correspondante dans la nature,
voilà toute la poésie. Sans elle, le juste et le beau,
les sentimens et la nature, fussent restés, pour
ainsi dire, en présence, étrangers l'un à l'autre;
mais les deux puissances se réunissent sur le terrain de la poésie. Le poète monte au trépied:
aussitôt, par un phénomène des plus étonnans,
l'ordre physique, le ciel, la terre, les eaux, les
fontaines, les montagnes, l'océan, fournissent mille
images, mille figures, qui toutes peuvent être
rapprochées d'un sentiment de l'âme, d'une impression libre, d'un acte de la pensée. Sous cette
influence profonde et mystérieuse, les deux univers s'émeuvent, s'animent et s'avancent l'un
vers l'autre. L'un apporte les plus riches images,

l'autre les plus vifs sentimens , et ces deux ordres d'êtres réunis , confondus , nous montrent ainsi des rapports que nous étions loin de soupçonner, et dont les hommes jouissent sans songer à les expliquer, entraînés qu'ils sont par l'harmonie de la lyre.

Si nous réfléchissons plus intimement à ce qui constitue *la poésie*, nous verrons aussi, à chaque pas, qu'elle est douée d'un pouvoir de création. Le grand auteur qui a dit que le jeune enfant moissonné dès le berceau est comme la fleur naissante, que l'orage a flétrie, n'a aucunement inventé l'idée de l'enfant, ni celle de la fleur. Ici, comme dans les phénomènes de l'imagination, les élémens de la poésie viennent du monde extérieur. Mais la création du poète, c'est le rapport, l'analogie qu'il pose entre ces deux êtres; nulle production n'est plus complète. Dans l'univers, il n'existe que des faits isolés et des lois physiques, et toute comparaison, toute liaison entre deux êtres totalement dissemblables, puisque l'un est de l'ordre moral, et l'autre de l'ordre physique, est nécessairement un produit de notre âme. Ce produit est de la poésie; le rapport, la comparaison est une création. Ce n'est qu'au dedans de nous qu'elle a quelque existence. Au dehors, elle est absurde, elle est impossible. Qu'y a-t-il, dans l'ordre physique, qui ressemble *au rapport* entre la pudeur d'une jeune fille et la tendre fleur qui craint de s'épa-

nouir ? Absolument rien. Le rapport est un produit dont la source est en nous seuls. Et ce n'est
pas ici une conclusion, un jugement des puissances ; c'est une analogie, une conscience de
rapport, établie par l'âme, et existant dans l'âme
même entre deux objets.

La poésie est donc en nous. Notre âme en est
le foyer et la source. De tout temps le genre humain a senti cette origine. Ainsi chez tous les
peuples, et dans tous les temps, on a reconnu
que le vrai poète est comme *inspiré*. C'était une
manière assez expressive et naïve d'indiquer
cette production intérieure, cette source cachée,
ce feu secret où s'allume le génie poétique. De
cette définition vont découler tous les caractères
de la poésie. Dabord, elle est une ; elle existe
partout, elle convient au genre humain ; car partout il y a des sentimens et des images. Partout où
il y a des hommes et une nature, il doit y avoir
une poésie. Les progrès des sciences, gouvernées
par la puissance du vrai ; les progrès de la morale, résultant du jugement de la puissance du
juste sur les actions compliquées d'un monde
qui lui est extérieur ; les progrès des arts même
qui demandent des moyens d'exécution fort délicats, seront tous beaucoup plus lents que la
poésie. Ces choses sont une étude, la poésie est
un jet. Aussi les peuples sauvages seront-ils poétiques avant toute chose. Il est bien plus facile
à l'homme de trouver d'instinct et d'inspira-

tion ces rapports inattendus et subits du monde moral et du monde physique, que de bâtir lentement les arts et les sciences. Aussi, pour peu qu'ils aient un langage un peu commode, au milieu de leur grossière ignorance de tout, il vous inondent de comparaisons et de figures poétiques.

Partout, chez tous les peuples, et dans tous les temps, le fond de la poésie sera le même. Partout il y aura des passions, de la haine, de l'amour, de la pitié, de la vengeance. Le monde moral ne change et ne peut changer nulle part. La puissance du beau, aussi, est partout identique; mais les tableaux naturels en présence desquels elle se trouve, les scènes auxquelles elle assiste et où elle peut puiser, varient avec la latitude, et changent avec les zones de la terre. Il se pourra donc qu'il y ait entre les images des poésies qui ont paru sur le globe autant de différence qu'entre les climats, c'est-à-dire autant de différence qu'il y en a entre les sombres pins ou les mélèzes du Nord, entre les oliviers et les chênes des pays tempérés, et les palmiers des régions de l'équinoxe.

Voilà ce qui cause la principale différence entre les poésies. Les mœurs changent aussi, mais beaucoup moins. Sans doute, aux diverses époques de l'histoire, la poésie du temps a été plus ou moins affectée par les mœurs du temps; mais l'homme ne peut pas être à un grand degré dissemblable de lui-même. Ce roi de l'univers reste à peu près immuable quand toute la nature change autour de lui.

Ainsi les poètes sont obligés de s'accommoder aux images de la nature de leur pays. L'auteur inconnu de l'Edda islandais, le barde des poésies ossianiques, le poète antique du Nibelung, ne pouvaient qu'adopter les images sombres et sauvages où leur génie fut bercé. Si on eût parlé aux hommes qui les écoutaient des vallons toujours rians et verts de l'Alphée, où Homère mendiait en improvisant l'Iliade ; bien plus, si on leur eût dépeint les sites de Perse, la nature de l'Arabie, à leurs yeux toute cette poésie eût été monstrueuse et imaginaire. Bien plus, on sait que les peuples divers se bâtissent un ciel analogue à leur patrie. Les Scaldes environnaient de vapeurs le palais d'Odin ; les Grecs se firent un Élysée comme les vallées qu'ils habitaient. Des peuples sauvages placent leur ciel dans la lune, qui brille sur leurs fronts brûlans pendant la fraîcheur des nuits, et ils y rêvent de vastes forêts comme celles qu'ils habitent, seulement purgées des bêtes fauves dont elles sont infestées.

La poésie doit donc nécessairement avoir un côté qui est national, les images de la patrie. La poésie se composera toujours des passions immuables du cœur humain, modifiées par les mœurs, et rapprochées des images de la patrie.

Voici donc la définition de la poésie de tous les

pays; c'est l'*art de rapprocher les sentimens de l'âme des images de la nature.*

Sous ce rapport, les diverses poésies pourront offrir de grandes différences pour la forme; le style, les allégories. Une contrée peut être plus ou moins embellie par la nature. Dans un état de civilisation donné, les passions pourront être plus ou moins fortes, et toutes ces choses se réfléchiront, mais incomplétement, dans la poésie. Le poète pourra tirer de grands avantages de sa position. Il est clair que l'Iliade ne pouvait être écrite qu'en Grèce; mais partout le divin Homère se fût rendu immortel, quel que fût le lieu où le sort eût placé sa naissance; car il y a des hommes, sur cette terre, qui paraissent voués à vivre dans l'avenir. Nulle digue, nul malheur, nul obstacle ne change la destinée de leur gloire. Comme on voit une source jaillir d'un lieu obscur et devenir un grand fleuve, ces hommes-là sont indépendans de leur position, et même, s'ils sont persécutés pendant leur vie, si nul monument ne consacre leurs restes, la postérité répare ces outrages et dresse des autels autour de leur tombe inconnue.

De la définition même de la poésie, la théorie conclut que la vraie poésie originale ne peut aucunement être traduite. On peut traduire une pensée; mais il se peut très-bien qu'on ne puisse traduire une image prise dans une nature étrangère, ou empruntée à des arts qui se sont perdus.

Or, la poésie est un composé, est un mélange intime de pensées et d'images qui forment un tout harmonieux ; c'est l'altérer et non la rendre, que de la présenter en la dépouillant du coloris dont elle est embellie. Plus un poète est original, plus il a rapproché intimement ses pensées et les pensées de son temps des images de la nature de sa patrie ; c'est-à-dire, plus il est poète, plus il est intraduisible. Il est même une hauteur de génie dont on ne peut acquérir l'idée qu'autant qu'on en lit l'expression dans la langue même qui a servi à le transmettre.

Les produits des arts sont toujours plus faciles à traduire que la poésie. Etant donnée la figure angélique d'une Vierge de la seconde manière de Raphaël, ou d'un Amour de l'Albane, il est bien plus aisé, à talent égal, d'en prendre une copie bien fidèle, que de traduire dans une langue moderne une ancienne composition poétique, les *Georgiques*, la *Divina Comedia*, ou même le *Paradise lost*. La raison en est que le sentiment du beau, en peinture, se réduit à une pure notion, à la pure impression de son effet, au lieu que l'effet et l'impression de la poésie sont infiniment plus compliqués. Cette dernière se compose des *pensées*, du *style*, de l'*image*, du *coloris*, le tout asservi au joug d'une langue tout autrement conçue peut-être que celle où l'on cherche à les rendre. Il est totalement impossible qu'avec des instrumens différens on parvienne à des résultats semblables. Nul poète de l'antiquité, ni de l'époque originale de la poésie européenne, n'a été traduit.

Ce qu'on appelle *versification* est une chose tout-à-fait distincte de la poésie. Il y a loin entre faire de la poésie et écrire des vers. La versification est une espèce de musique; elle forme une branche du grand art de l'harmonie. L'impression qu'elle produit tient à la répétition de certaines cadences, à un rhythme régulier. C'est une des formes du beau. Cet art n'est pas la poésie, mais il la seconde; c'est un accompagnement puissant, harmonieux. Voilà pourquoi les poètes, pour répandre leurs idées, ont de grands avantages sur les prosateurs. Une pensée mise en vers faciles et élégans, qui portent sans contrainte le dur joug de la rime, plaira toujours infiniment plus que la même pensée exprimée sans harmonie. Il faut dire aussi que cet accompagnement sert bien souvent à déguiser des lieux communs insupportables.

Il est bien remarquable qu'en étudiant les écrits des plus fameux écrivains, on trouve que toute pensée grande et forte prenne chez eux une teinte poétique. Tacite et Montesquieu sont des écrivains éminemment poétiques, et il n'est point nécessaire pour l'être, d'abonder en comparaisons, en images : on est poétique en un seul mot; on est pittoresque par l'expression. Il semble qu'aussitôt que la puissance du vrai a reconnu un effet, et que guidée par elle la puissance du juste a porté un jugement sur les actions, ces puissances éprouvent le besoin de leur donner pour auxiliaire une image empruntée au monde extérieur. C'est un rapprochement auquel elles se livrent comme par un instinct secret de leurs rapports avec l'univers en présence duquel elles habitent. Singulier mystère de notre âme ! les êtres souverains de l'âme planent au - dessus de l'univers par la conscience et par leur supériorité, et cependant ils paraissent rechercher toutes les occasions de s'en rapprocher par les images. Comme ces dieux des anciens fatigués de leur éternelle grandeur et qui se plaisaient à descendre sur la terre, les puissances intellectuelles ne veulent point des impressions pures de l'amour, des arts, de la sagesse, elles recherchent des attributs, des symboles, des allégories. Lorsque tout se réunit dans une composition, pensées fortes, images riches, variées et précises, harmonie parfaite, alors la langue humaine a atteint le maximum d'effet dont elle est susceptible pour produire des impressions. C'est à l'ouïe de choses semblables que l'homme, comme la multitude assemblée, s'anime et s'électrise. Et l'effet est bien plus frappant, si cette émotion générale et profonde du juste et du beau est mise en action; si de nobles sentimens et de belles images sont encadrés dans un fait représenté, dans une action dramatique. Alors, ces jeux de la scène, qu'on a taxés si souvent de frivolité, sont une des choses qui émeuvent le plus vivement le cœur et l'imagination. C'est alors qu'on se sent soi-même grandir avec l'action. Il y a telle situation généreuse, tel acte de vertu, tel vers expressif, qui produit un mouvement si profond et si inattendu, que le spectateur croit avoir reçu un reflet passager de ce monde infini, où les puissances de l'âme font leur séjour. Quel phénomène singulier, de voir les hommes des grandes villes, égoïstes, mornes, durs, intéressés, venir s'engouffrer dans la chaleur pour assister à des situations touchantes, à des mouvemens sublimes ! A l'aspect de cette noble vertu, objet de leur dérision, leurs figures insensibles se raniment d'une expression céleste ; on semble voir un éclair qui sillonne des nuages orageux et jette sur leurs sombres contours un trait de la plus pure clarté.

Nous distinguerons avec soin les jeux cruels, les pompes inutiles et ruineuses, de la vue salutaire d'un chef-d'œuvre dramatique. Un spectacle de ce noble genre fut toujours celui des cœurs tendres et généreux ; mais les spectacles cruels furent offerts par les empereurs romains à un peuple d'esclaves. Le sang humain était répandu dans le cirque et au dehors.

Nous terminerons nos réflexions sur la poésie par une considération plus générale, et qui résulte de la nature même de l'esprit humain. Chez toutes les nations, c'est plutôt un monde idéal que le monde réel qui est mis sur la scène ; le ministère des artistes dramatiques, comme celui des autres artistes, est plutôt de trouver le moyen d'exciter l'imagination des spectateurs, que de la satisfaire. Ce trait distingue la représentation de beaucoup de chefs-d'œuvre, qui sont pour ainsi dire plus petits à la scène qu'à la lecture. Comment serait-il possible, en effet, que l'art du théâtre, quelque progrès qu'il puisse faire, quelque richesse, quelque pompe qu'il déployât, pût jamais s'élever à la hauteur où le spectateur homme de goût a placé d'avance OEdipe, le roi Léar, Macbeth, Athalie, Brutus ? Comment peindre sur la scène la majesté du peuple roi, un prophète inspiré, un martyr, un homme mourant pour son pays ? Les moyens d'exécution matérielle sont hors de toute proportion avec la demande que leur adresse l'imagination ; à leur aspect, elle est comme désappointée : elle espérait bien davantage. Car l'imagination, puissance exigeante et hautaine, expression de l'indépendance avec laquelle les puissances de l'âme traitent l'univers, est bien difficile ou plutôt elle est impossible à contenter. Elle se confie trop aux choses de la terre, et s'en dégoûte quand elle les a vues.

Toutes les fois que l'imagination du spectateur est exaltée, après la plus pompeuse représentation il se retire mécontent. Les puissances de l'âme ont été occupées et non satisfaites. Ce goût d'idéal, ce besoin de quelque chose qui nous enlève aux réalités actuelles, a déterminé les auteurs dramatiques, même à leur insu, à ne pas mettre dans leurs ouvrages le monde tel qu'il est. Le théâtre n'est pas fait pour la pure nature morale, pas plus que pour la pure nature physique; il exige une nature embellie et choisie. En y regardant de près, on découvre que nulle part, et dans aucun genre, la nature telle qu'elle est n'a été mise sur la scène. Si on l'eût dépeinte avec une scrupuleuse exactitude, les hommes n'eussent point trouvé à satisfaire, en la contemplant, ce besoin d'idéal qui distingue les puissances de leur âme. Ceux-là se trompent étrangement, qui soutiennent qu'on ne doit pas mettre sur la scène une nature de convention. Au contraire, dans les chefs-d'œuvre dramatiques, tout est au-dessus de la nature, parce que tout est idéal. L'impression forte et inconcevable qu'on en retire ne serait pas produite par de pures réalités, comme celles dont le monde abonde. Le moyen de plaire, de transporter les spectateurs, c'est de déployer devant eux les sentimens de l'âme en action, embellis de la teinte idéale que cette âme même cherche à leur donner. Tout ceci sera parfaitement naturel. L'idéal n'est pas moins vrai que les choses d'expérience. Voilà ce qui empêchera le poète de peindre des mœurs basses, des détails dégoûtans, comme le peintre s'abstient de peindre un ciel pluvieux, une terre humide et fangeuse. Ce goût lui est inspiré non pas par des préceptes surannés et par des règles de convention, mais par le penchant de l'âme vers l'idéal. Ces tableaux si magnifiques, si brillans d'héroïsme et de grandeur, ne sont pas entièrement factices; il ne sont point faux; ils règnent dans l'âme qui les conçoit. Les hautes créations de l'âme humaine sont tout aussi positives que le spectacle des mœurs populaires, mais elles sont bien plus nobles, par la raison qu'elle sont revêtues d'idéalité, et les autres ne sont que vraies.

Les peuples vraiment poétiques ont deviné depuis long-temps ces déductions toutes simples de la théorie. Presque jamais le théâtre tragique ou lyrique n'a ressemblé aux mœurs du moment. Croit-on que la scène des anciens Grecs, où le parricide, l'inceste, le rapt et tous les crimes portaient dans l'âme des citoyens ce mélange salutaire de pitié et de terreur, fût bien en harmonie avec les mœurs du moment? Dans leur fatalisme, dans leurs péripéties, dans l'intervention perpétuelle des dieux, on reconnaît de suite une nature tout imaginaire. Quelles conceptions idéales, que l'Œdipe roi de Sophocle et l'Hippolyte d'Euripide! De telles fureurs, de telles passions ne répondent à aucune réalité extérieure. A la fin des siècles de barbarie, le grand tragique anglais entremêla des dialogues fort poétiques et fort pompeux de détails trop vrais, et atteints de trivialité. Le Français Corneille peignit les anciens Romains à la cour la moins romaine, et Racine vint déployer toutes les délicatesses du plus tendre amour, précisément à l'instant où le libertinage le plus déhonté avait pris la place de cette pure passion. Quels rapports nos compatriotes de l'Italie moderne ont-ils avec les vieux Romains de Métastasio. Loin de peindre les mœurs du moment, la poésie semble les répudier. On la dirait fatiguée de ce qui l'entoure, et toujours prête à revêtir les choses positives d'une teinte idéale. En cela le génie poétique ressemble au chantre de la *Jérusalem*, qui entoura la croisade des fictions de sa création, tandis que les vrais chevaliers et les vrais croisés de l'histoire se perdent dans cette description si riche et si animée.

C'est donc avec une grande circonspection, mon fils, que, nous livrant à des recherches d'un genre bien séduisant, nous pourrons essayer de retrouver dans la poésie les mœurs du moment. Elles n'y sont presque jamais. Ni le Dante, ni Virgile, ni Milton, ni Racine, n'ont peint ce qu'ils voyaient devant eux; et, heureusement pour nous, ces grands hommes ont échappé à leur siècle. Il vaut mieux imaginer que décrire. En poésie, l'idéal vaut mieux que l'histoire.

Du reste, indépendant dans nos goûts poétiques, nous ne poserons aucune règle. La puissance du vrai veille au bon goût. Ainsi, il est clair qu'une action dramatique, quoique idéale pour les caractères, pour les situations, doit être la plus simple et la moins invraisemblable possible. En disant cela, Aristote a dit ce que tout le monde sait.

Ce caractère idéal, ce caractère de supériorité sur le monde réel, perce jusque dans la comédie des divers peuples. Encore là , on ne voit qu'une nature forcée et artificielle , et cela devait être ainsi. On corrige les défauts par leur exagération même. Le fouet sanglant de la satire comique crée des ridicules, des travers exagérés, et les immole ensuite. Ainsi, ni les joueurs , ni les orgueilleux , ni les jaloux , ne ressemblent à ceux du monde réel. On a vu maints esprits fiers de leur science , et douter de tout, faute de pouvoir tout connaître; mais on n'a jamais vu de docteur Faust comme Goethe l'a dépeint. On a vu des avares, mais non comme Harpagon. Il existe bien des prêtres faux , mais la sublime conception du Tartufe ne s'est jamais réalisée.

En général , le théâtre, la poésie est une mine d'idéal. Par eux , l'âme est comme transportée à une hauteur d'où elle voit des choses inconnues jusqu'alors , et les leçons qu'elle y puise servent ensuite de règle de conduite.

C'est ainsi que tous les produits de l'âme, toutes les parties de la philosophie ont une application pratique. La poésie , si elle ne servait qu'à nos plaisirs , si son unique mérite était de charmer un moment les amertumes de la vie , semblable à cet iris lumineux qui brille un moment dans la tempête, et disparaît sans trace, elle n'aurait qu'une existence fugitive, qu'une application vague et sans résultat; la vraie philosophie n'aurait pas à s'en occuper. Mais les leçons qu'elle donne, les inspirations qu'elle transmet mettent en jeu les plus profondes puissances de l'âme, et remuent éloquemment le plus insensible cœur. Comment lire de beaux vers, comment entendre les effets magiques de l'éloquence, comment assister sur la scène au développement d'une action grande, forte et noble, sans se sentir ému pour la justice, et plus fort pour la vérité? Malheur à la poésie qui flatte des passions coupables ! malheur à la poésie qui célèbre les malheurs du monde, et qui, par ses chants mélodieux, endort un peuple dans la servitude ! Mais ce n'est point là sa mission, tant qu'elle reste pure; et l'harmonie de la lyre immortelle, ce sont les accords de la solide gloire, les inspirations de la liberté.

Je voudrais que la poésie de notre temps ressemblât à ce barde intrépide qu'a chanté un poète anglais, à ce barde dont les vers indépendans troublèrent le conquérant Edouard à la tête de ses soldats, et qui, seul, sans crainte, debout sur un rocher que frappaient les vagues, annonça au monarque la durée des principes et le terme de son pouvoir, et s'ensevelit avec sa harpe dans les flots, plutôt que de célébrer la gloire d'un despote. »

XIII.

«Si nous réfléchissons, mon fils, aux vérités que nous avons étudiées jusqu'ici, nous découvrons sans obscurité et sans hésitation, qu'en général, dans les premières de ces vérités, l'univers a été livré aux jugemens des puissances intellectuelles, et dans les secondes, ce sont les puissances intellectuelles qui, reprenant leur souveraineté pure, ont disposé à leur gré de l'univers. Ces deux grands traits ont divisé pour nous tout ce qui est assujetti au jugement, de tout ce qui n'obéit qu'à l'imagination. Le jugement est plus positif, mais moins étendu; l'imagination est moins positive, mais plus vaste. Dans l'un et dans l'autre de ces deux cas, nous avons toujours constaté, entre les puissances de l'âme et les choses de la terre, entre la pensée et les phénomènes, entre l'âme et le monde, qu'il s'établissait des rapports évidens et variés. Ces rapports, d'abord entre les choses et la puissance du VRAI, ont constitué toutes les sciences, toute l'histoire des faits; les rapports des objets avec les puissances du JUSTE et du BEAU, ou les rapports de ces puissances entre elles, ont constitué toute la morale, tous les arts, et toute la poésie. Dans toutes ces questions, mon fils, les impressions que nous avons décrites

ont été positives, claires, et nettement détermi-
nées. Au jugement du goût, tous les hommes les
trouveront telles.

Mais n'existe-t-il pas dans l'univers et en nous
des phénomènes plus obscurs, des impressions plus
cachées ? Tout est-il aussi lumineux dans l'âme
humaine ? N'éprouvons-nous jamais de ces impressions délicates et vagues, qui ne paraissent répondre à rien de réel, pour lesquelles le langage
paraît sans terme et les arts sans expression, des
impressions enfin que nous ne pouvons faire comprendre aux autres, et que souvent nous avons
quelque peine à nous révéler à nous-mêmes ?

Ici, mon fils, nous avons besoin d'autant plus
de nous astreindre à suivre une méthode purement
philosophique, que nous entrons dans les questions les plus obscures qui puissent occuper l'intelligence.

Nous avons vu que les puissances du juste et du
beau ont pour essence la pitié et l'admiration, et
pour formes la liberté et l'harmonie. Sous le point
de vue des jugemens de la puissance du beau,
si l'harmonie n'existait pas comme phénomène
extérieur, s'il n'était pas possible que des monumens d'un style gracieux s'élevassent par la main
des hommes, s'il n'était pas possible que des accords mélodieux se fissent entendre, si entre deux
objets, l'un moral et l'autre physique, il n'était
pas possible d'établir un poétique rapport, il est
clair que l'une des plus fécondes sources de jouis-

sances serait à jamais fermée pour notre âme. Il n'existerait ni architecture, ni musique, ni poésie; à leur place vide nous ne verrions que des pierres et des images confuses; nous n'entendrions que des bruits.

Mais que faut-il pour que l'âme éprouve les émotions de la puissance du beau, et les éprouve clairement? Il faut que l'âme reçoive une impression harmonique de l'univers extérieur, et que cette impression réveille l'action de la puissance du beau. Au fond de notre âme, elle assiste aux choses de la terre, et garde son inaltérable essence au milieu de leurs mutations; elle n'attend que des traits harmonieux pour se réveiller, et nous dicter un jugement d'admiration.

Les puissances de l'âme étant tout-à-fait hors du temps et de l'espace, étant affranchies de toutes les conditions de la matière, pourront très-bien comprendre dans leur essence des caractères que rien dans ce monde ne nous permettra d'apprécier. Ces traits de leur nature dorment comme ensevelis en elle; ils attendent quelque spectacle extérieur, rare, inattendu, étrange, pour éclater.

Un homme plongé toute sa vie dans des cachots, un homme dont la vue n'aurait été frappée que de l'aspect de tristes murailles, n'aurait aucune idée de l'admiration de la nature; mais s'il lui est donné de contempler un instant l'azur du ciel, la vue des champs, alors se réveillent mille impressions nouvelles dans son cœur; il admire, il frémit; il goûte les émotions délicieuses que produit une vaste plaine brillante de lumière et de verdure; et après avoir savouré ce rare spectacle, c'est alors qu'il retombe avec plus d'horreur dans ses fers. De même, il se peut faire que des spectacles inouïs de la nature ou que des émotions étranges des puissances de notre âme, nous plongent dans un ordre d'idées entièrement nouveau; il se pourra que nous nous abandonnions à ces impressions délicieuses, pour revenir ensuite avec une sorte de regret au monde positif, notre partage habituel.

Ainsi, en poésie, les puissances du juste et du beau se sont rencontrées, lorsqu'elles ont établi un rapport exact et précis entre une impression morale et un phénomène physique. Ceci non-seulement est un plaisir pour l'âme, mais de plus c'est un besoin, un aliment pour elle. Aussitôt que de l'inépuisable mine des sentimens moraux sera née une impression nouvelle, une émotion encore inconnue à la créature, ses puissances du juste et du beau ayant alliance ensemble, elles essayeront sur-le-champ de rapprocher cette impression morale d'un tableau physique, de la rendre plus vive, plus parlante, par une comparaison. Souvent elles y réussiront : aussi la poésie de tous les peuples abonde en comparaisons justes, en images exactes.

Mais il se pourra aussi que la créature, à force

de se contempler elle-même et de sonder son être, fasse naître et découvre dans son âme des sentimens obscurs encore, des impressions intellectuelles, qu'elle cherchera en vain à rapprocher d'une image du monde, à mettre en présence de la nature. Il se peut faire, enfin, qu'une impression du juste, obscure, veuille se rapprocher d'une impression du beau, obscure aussi. Il y aura alors un vague dans la pensée, et un vague dans l'image.

De cette position spéciale de l'âme humaine il va naître, mon fils, un nouveau genre de poésie, tout différent de celui que nous avons étudié. Dans ce genre nouveau, les puissances de l'âme éprouvent des impressions aussi profondes qu'elles sont obscures, et hors de tout rapport exact avec les objets naturels. De ce mystère, de cette dissemblance, de cet éloignement, il va résulter que les images de cette poésie seront vivement senties par celui qui les a conçues, et qu'elles resteront plus mystérieuses pour le reste des hommes. L'originalité de ses impressions isole ce poète au milieu du genre humain. Le feu qu'il ressent brûle en silence dans l'abîme de son âme.

Ce genre de poésie n'est point par sa nature distinct de celui dont nous avons examiné les lois. Il n'appartient en particulier à aucune époque, à aucun peuple, à aucune civilisation spéciale. Il appartient à tous les penseurs tendres, passionnés, qui trouvent en eux-mêmes des émotions que le reste du genre humain ne reconnaît pas , faute de les avoir éprouvées.

A côté d'une poésie naïve, claire, exacte, entendue parfaitement de tous les hommes d'une même patrie et qui vivent sous l'empire des mêmes impressions , il pourra naître toujours, et dans tous les temps , une autre poésie plus obscure, moins définie, qui se communiquera moins nettement à ses auditeurs, et qui sera émanée d'émotions beaucoup plus profondes.

Ce genre de poésie a existé chez toutes les nations, et il découle naturellement de la constitution de l'âme.

Je regarde en effet comme démontré par la théorie de l'âme et par l'histoire des arts, que si d'un côté l'architecture , la poésie abonde en images nettes et non sujettes à la controverse, si tel monument d'architecture détermine en nous des impressions du beau très-fortes et très-positives, si tel morceau de musique nous excite directement vers un sentiment donné , vers une crainte, une joie, une terreur positive, il existe aussi des objets qui agissent non moins fortement, mais avec la grande différence qu'ils produisent des émotions pour ainsi dire générales, vagues, indéfinies, qui ne répondent à aucune des qualités de notre être que nous connaissions bien, et qui ne réveillent en notre âme nul sentiment dont nous puissions nous rendre compte. A l'aspect des premiers , nous sommes frappés d'admiration; à l'aspect des seconds, nous sommes frappés d'admiration et encore de quelque autre chose beaucoup plus mystérieuse, plus intime, et plus cachée. La première de ces poésies ressemble au lever du jour, qui est beau avec netteté et qui nous émeut d'une manière forte et précise; la seconde produit l'effet de ces masses de vieux arbres, qui interceptent les rayons du midi, et qui conservent sous leur imposante verdure une lumière douteuse et un calme mystérieux.

Ainsi une colonne dorique, isolée, dans une riante plaine, nous plaît par un sentiment de beauté pure, de pure harmonie. Est-ce le même genre de plaisir, qui frappe le voyageur traversant le *Stone-Henge,* à la vue des énormes masses de pierre, qui sont posées l'une sur l'autre sans art et comme sans intention; est-ce encore le même genre de plaisir, qui résulte de la vue des grandes pyramides d'Egypte, et tant d'autres monumens bizarres, qui sont accumulées sur les sables du désert. Ne voit-on pas qu'il y a ici une différence fondamentale pour l'effet. Comparons encore le Parthénon d'Athènes, marquant sur le ciel la ligne de son portique et faisant contraster les angles et les arêtes de ses proportions avec la courbe gracieuse de ses colonnes, et une cathédrale du moyen âge, toute formée d'ogives et d'arcs surbaissés, dont les tours s'élancent au ciel, et qui frappe d'une terreur religieuse par l'aspect sombre de ses galeries, et par la teinte grise et funèbre de cette architecture rongée par les ans.

L'église moderne répond dans l'âme à une tout autre impression. Elle représente un sentiment tout différent, qui excite en nous quelque chose de moins net et une admiration moins clairement définie. S'il est donc prouvé que l'âme humaine, en rapprochant sa puissance du juste et du beau, c'est-à-dire en rapprochant ses impressions et la nature, peut assigner entre eux des rapports positifs que nous avons reconnus former la poésie, il se pourra aussi que l'âme éprouve des impressions telles, que, pour ainsi parler, rien dans le monde extérieur ne leur réponde exactement; alors nous découvrons la source de toutes les images, vagues, indéfinies, obscures, d'un nouveau genre de poésie qui doit être éminemment personnel à celui qui en est le créateur. Il y aura donc par la nature même des choses, chez tous les peuples, deux genres de poésie. Ces deux genres ne dépendent aucunement des événemens historiques, quelque vastes qu'ils soient. La supposition même en est absurde en philosophie, parce que la raison première de tout ce qui est intellectuel ne peut être ailleurs que dans l'âme même.

Notre pouvoir de poésie est donc double : dans un cas elle naît de sentimens nets et clairs rapprochés d'images positives; elle naît dans l'autre cas d'images toujours positives, mais rapprochées de sentimens qui n'ont rien de réel ni de positif dans cet état d'existence. L'âme, en effet, considérée en elle-même, possède d'abord du positif, ensuite de l'idéal, très-clair en tant qu'elle revêt des objets extérieurs d'une perfection dont elle est le foyer; elle possède ensuite une foule de sentimens, et de choses auxquelles rien de net ne correspond dans les images de la nature.

L'âme, en effet, est tellement faite qu'elle n'est pas esclave du monde extérieur, et que l'immense variété de sentimens moraux positifs qui lui viennent, ou de ses propres méditations, ou de la vue d'actions morales extérieures', ne suffisent pas pour l'épuiser et même pour la remplir. Elle possède de nombreuses impressions qui ne lui sont pas venues ici, et qui, coïncidant imparfaitement avec les images naturelles d'un ordre auquel elles n'appartiennent pas, ne peuvent que produire une poésie vague, rêveuse et obscure.

Et remarquons que jamais les objets euxmêmes ne sont vagues. Ces énormes constructions égyptiennes, ces cathédrales sombres du moyen âge, ces vues immenses de la mer, du désert ou du ciel, comme phénomènes physiques, sont des choses très-nettes, mesurables, et qu'on peut définir en géométrie. Le singulier sentiment de tristesse, d'admiration concentrée qu'ils nous causent, sentiment où le vague domine, ne peut venir d'eux. Ce sentiment est un produit de l'âme que leur aspect saisit et transporte. Ce genre de poésie est donc né dans les profondeurs de nous-mêmes.

Il est difficile de définir ce genre, et par conséquent de lui donner un nom. Il appartient à toutes les époques et à toutes les positions. Ce genre, quoique vague et rêveur, n'en est pas moins parfaitement *vrai* dans le sens philosophique du mot. En poursuivant ses caractères, et surtout ses caractères comparés, peut-être parviendrons-nous à le renfermer en une définition plus ou moins exacte. Comme ce genre de poésie est dans les profondeurs intimes de l'âme, comme il résulte d'émotions internes que la créature se révèle à elle-même, son premier caractère est d'être quelquefois presque personnel à celui qui l'enfante. L'autre variété sera moins personnelle, plus générale, plus compréhensible au loin. On conçoit donc que le premier genre de poésie, composé de sentimens et d'images qui nous sont communs à tous, paraîtra toujours plus positif, plus arrêté, plus clair, mieux défini.

L'un est un temple grec, éclairé d'une lumière d'azur, et qui s'élève dans une sublime naïveté au milieu d'un paysage délicieux; l'autre est une ruine féodale, couverte d'un jour douteux, dont les tours grises de vétusté et la sombre apparence nous attachent cependant, et nous pénètrent d'un sentiment de tristesse et de frayeur qui nous plaît.

Il se pourra que deux ouvrages poétiques, pro
duits de deux génies bien distincts , quoique offrant l'un et l'autre des traces des deux genres,
aient été cependant composés sous l'influence dominante de l'un d'eux. Ainsi, d'une part, Virgile dans ses Géorgiques et Horace dans ses Odes,
d'autre part le Dante dans son Enfer et Milton
dans son épopée, et surtout Homère et Shakespeare, caractérisent ces deux genres que leur génie
a marqué d'un type immortel. En lisant com-
parativement une tragédie d'Euripide ou de Sophocle et une tragédie de Shakespeare , on est
frappé de la simplicité, de la grandeur sans art,
de la beauté facile et primitive du poète grec ; en
même temps, on est profondément ému de la
profondeur, de la grandeur mystérieuse et vague,
de la beauté sombre et obscure des idées et des
images du tragique anglais. Sophocle est plus net,
plus positif; la poésie semble lui être venue sans effort. Shakespeare est plus rêveur. Il remue nos âmes
plus intimement. Sa poésie paraît méditée, et elle
semble sortir par bouillons d'une âme contemplative et toute rentrée en elle-même. Milton et Homère comparés laissent dans l'âme une semblable
impression. Tous deux sont clairs, et leur poésie
est facilement conçue. Mais on voit que le barde
du jardin d'Eden diffère du chantre d'Achille , en
ce que ses pensées sont plus profondes, ses images plus vagues ; en ce que toute sa poésie paraît
jaillir d'une source plus mystérieuse et plus ca-

chée. Chez les grands poètes de l'antiquité, la poésie a l'air de couler plus facilement. L'effort de la méditation n'y paraît point. Elle n'a point de transports ni d'extase; et si la pythonisse croit respirer un souffle divin, même alors ses accens n'ont point la profondeur solennelle de la muse chrétienne. En général, la poésie chez les anciens semble venir sans effort. Elle semble descendre sur ces bardes heureux sans invocation et sans prière. Elle semble être le résultat d'un pur regard sur la nature et d'une simple réflexion sur soi-même, et on pourrait la nommer, cette poésie, *la poésie de l'observation*.

Au contraire, chez plusieurs nations modernes, la poésie est devenue plus personnelle, plus intime et plus vague. D'autant plus agissante qu'elle était plus réfléchie, elle semble être souvent le produit d'études sur soi-même, et d'un regard scrutateur sur la nature. On y découvre les traces d'une inspiration pénible et contemplative. On pourrait la nommer *la poésie de la méditation*.

La poésie d'observation domine, en général, chez les peuples antiques, qui, ne possédant ni une longue civilisation ni des souvenirs héréditaires très-variés, n'avaient pas cette foule de sentimens, d'idées, d'émotions positives, profondes, ou vagues, dont les nations modernes sont en possession. C'est à cette cause, à un climat doux et régulier, à la jeunesse de leurs idées, et surtout à l'absence

des rêveries mystiques et contemplatives de la
théocratie asiatique, qu'il faut attribuer le caractère beau et simple de la poésie grecque. Au
contraire, le régime théocratique, et les idées qu'il
favorise et entretient, ont toujours produit la poésie de la méditation, qui distingue en général
l'inspiration religieuse. Il y a peu de mysticisme
dans Homère. Ses dieux sont des hommes, et des
hommes passionnés. Au contraire, les poésies
antiques de l'Inde se perdent dans le vague du
sanctuaire de ces divinités toutes métaphysiques
et mystérieuses, desquelles toute humanité s'é-
tait retirée à force de contemplations. La poésie de
la méditation apparaîtra toujours dans l'histoire
littéraire d'un peuple, quand les hommes auront
de vives et profondes convictions, quand le sentiment religieux, ou tout autre qui détache l'âme
de la terre, se sera fixé dans leur esprit. Il naîtra
aussi de l'enthousiasme militaire ou patriotique,
et d'une grande exaltation de pensées. Les siècles
de barbarie appelés *le moyen âge* étaient éminemment propres à produire cette poésie sombre et
méditative. Alors, comme beaucoup plus tard,
les hommes, mécontens des formes qui les en-
touraient, cherchaient avec inquiétude quelque
chose de meilleur, et rentraient avec effort en eux-
mêmes. Alors les souvenirs étaient perdus ; la
barbarie forçait les hommes de créer, et leurs créations n'ont pu se faire qu'à la suite de réflexions
profondes. L'absence d'une inspiration subite et

l'habitude de la méditation , expliquent ces masses d'architecture, ces églises immenses qui usaient le travail de plusieurs générations, et qui portent l'empreinte d'une longue idée religieuse, comme les temples de l'Egypte et les monumens de l'antique Babylone. Sur la cathédrale de Cologne , comme sur les murs de Westminster , on remarque les traces évidentes de cette patience monastique, de ce génie des détails, qui s'appliquait avec réflexion à l'exécution d'une grande conception religieuse. Les temples grecs étaient plus facilement exécutés , parce qu'ils étaient plus facilement conçus. Leur masse légère et gracieuse est le type de cette poésie de l'observation , qui émane facilement du sein d'une société nouvelle et naïve , ouverte aux premières impressions de la nature et du beau.

Il se pourrait que les Grecs eussent épuisé une grande partie des trésors de la poésie d'observation; car ces sentimens de l'âme, que nous éprouvons tous , ils les rapprochèrent avec succès des images fournies avec profusion par leur délicieuse patrie. Mais si la poésie d'observation s'épuise , parce que le nombre des sentimens positifs et des images nettes dont elle est composée, est limité par l'étendue de la nature, la poésie de *méditation*, au contraire , est inépuisable , parce qu'elle se compose d'émotions internes, dont le nombre est comme infini. Chaque créature en porte avec soi un univers tout entier. A mesure que la poésie positive verra son champ se rétrécir, l'autre poésie peut agrandir le sien. Cette dernière, comme la lumière du soleil, s'étendant dans l'espace, deviendra plus vague, plus obscure, sans jamais, peut-être, arriver à n'être plus. La poésie de méditation est celle où vont s'engager de plus en plus les nations de l'Europe. Elle convient spécialement aux époques où l'homme examine plus qu'il ne sent, où il essaie de former ses convictions par des réflexions suivies. Cette poésie servira de langage et d'harmonie, au patriote enthousiaste, à l'amant malheureux, au mystique contemplateur, à l'artiste passionné, au poète religieux.

Mais, avant de pouvoir étudier, mon fils, la nature des jouissances que ces deux poésies nous procurent, nous devons nous arrêter quelques instans sur la théorie générale du *plaisir*. Il faut que nous puissions nous rendre compte des jouissances physiques et morales que nous procure ce sentiment, qu'il suffit de nommer pour le faire comprendre.

Le plaisir est un fait intime qu'on ne saurait définir; mais il est facile de voir en quoi il consiste, et quel est son élément le plus indispensable.

La sensibilité comme la raison, les organes du corps comme les puissances de l'âme, ont tous un certain exercice, une certaine activité qui leur est propre. Par une loi générale des choses, à

toute activité, soit physique, soit morale, correspond une satisfaction, un *plaisir*.

Dans le corps, la dépense de cette activité, ou
tous les *exercices*, la réparation de cette activité,
ou le *repos*, sont des sources variées de *plaisir*.

Dans la raison, tous ses pouvoirs sont des
sources de plaisir. Toutes les espèces d'abstraction et de réflexion produisent des impressions
agréables. On aime à se ressouvenir du passé; on
aime aussi à abstraire une partie d'une question,
pour la mieux concevoir; on aime aussi à réfléchir. Il y a du plaisir attaché à tous ces exercices
de la pensée humaine.

Mais il y a beaucoup plus encore de plaisir, et
un degré de jouissance bien plus vif, dans le résultat des jugemens des puissances de l'âme, et
dans la perception de leurs arrêts souverains.
C'est alors que la créature se révèle à elle-même
qu'elle a suivi ses lois et qu'elle a obéi à son essence. Aussi, il y a grande satisfaction dans notre
âme après un jugement quelconque, après la
perception d'une vérité neuve, après l'application
des puissances intellectuelles à un fait du monde
extérieur.

Mais le plus vif plaisir dont la créature soit capable, c'est l'action de sa puissance du vrai, et
les jugemens de ses puissances du juste et du
beau. La perception de la vérité, de la justice et
de la beauté, sont les sources du plaisir le plus pur
et le plus prolongé. Le sentiment que produit une

découverte nouvelle, l'extase où nous jette la vue du beau, la pure jouissance qui suit les actions justes, ne sont autre chose que l'exercice de ces puissances respectives.

Ainsi le plaisir, soit au physique, soit au moral, considéré dans son acception la plus étendue, se réduit, pour l'homme créature, à l'action d'obéir à son essence, et d'accomplir les arrêts de sa nature même. Le plaisir est de l'activité. Le géomètre qui découvre un théorème nouveau, le juste qui soulage son prochain, l'artiste qui produit un chef-d'œuvre, ne font autre chose que de mettre en exercice leurs puissances respectives: tous sont plongés dans le plaisir.

Il y a plus, nous sommes avertis que nous exerçons notre âme dans le sens de sa nature, par la récompense du plaisir qui en résulte. Celui qui trahit sa nature en est averti par le déplaisir qui suit le faux, par le remords qui suit le mal, par le dégoût qui suit le laid. *La peine*, comme opposition *du plaisir*, résulte toujours de la violation de nos lois.

Même les plaisirs de la sensibilité, ou du corps, comme purs plaisirs, entraînent toujours une sensation agréable; mais au-dessus d'eux plane la raison, et nous verrons comment elle a le droit de les juger et de les contenir.

Ainsi le plaisir, à nos yeux, se réduit, en dernière analyse, à la perception de la vérité. Qui n'a remarqué chez l'enfance, à cet âge où l'univers est encore tout nouveau, que la découverte du moindre fait, pourvu qu'il soit nouveau, pénètre de joie l'âme qui le contemple? Qui ne sait que ne pouvoir plus jouir de rien, être blasé sur tout, c'est se placer hors de l'atteinte de toute nouveauté, et s'être rendues familières, par un long abus, des jouissances qui fussent restées vives si elles eussent été plus ménagées.

En généralisant l'idée de plaisir, on trouve que l'âme doit en éprouver toutes les fois qu'elle produit, ou qu'elle contemple une création nouvelle quelconque. Toutes les vertus, toutes les admirations, toutes les poésies en entraînent avec elles, et c'est un caractère profondément mystérieux de notre être, que cette sensation agréable qui suit la vérité. Car le pur vrai, par exemple une nouvelle méthode en mathématiques, une nouvelle propriété en physique, un nouveau produit dans les arts, ne nous touchent aucunement à cause de leurs résultats, de leurs applications; ils nous plaisent par une merveilleuse pureté d'impression, sans réveiller d'autre sentiment que celui de leur vérité même. Le plaisir qu'ils nous causent est d'une simplicité exquise.

Le même sentiment accompagne aussi toutes les créations poétiques. La poésie est une source variée et abondante de plaisir. Le poète dont la muse facile coule en vers pleins d'harmonie, le musicien qui dans une inspiration heureuse invente un motif original, éprouveront tous deux la vive jouissance que donne l'invention. Le plaisir est dans ce cas l'approbation de l'âme, à la suite d'une création gracieuse avouée par le goût.

Si toute vérité nouvelle, par cela seul nous plaît, si l'action pure de la puissance du vrai entraîne avec elle le fait de plaisir, ce sentiment est plus vif encore quand le vrai s'offre à nous sous une forme harmonique; de là cette vive impression de plaisir qu'excite la vue de proportions, de symétrie, ou la perception d'accords musicaux. Le vrai agit plus vivement quand il est opposé à lui-même, quand des caractères tranchés le font ressortir; de là le plaisir des contrastes, source d'une infinité de jouissances dans les arts.

Mais il nous reste à faire une application très-importante de la théorie du plaisir à *la poésie de la méditation.*

L'imagination, comme toutes les autres jouissances de l'âme, aura ses plaisirs, qui seront son exercice même. Une création poétique doit donc pénétrer de plaisir l'âme qui en est la source; mais dans les profondeurs de notre être, il y a des impressions telles que rien dans la nature extérieure ne peut servir d'image pour les peindre.

Si l'âme, par un effort poétique, tâche de rapprocher des choses qu'une distance énorme sépare, et parvient à produire cette poésie vague et personnelle que nous appelons *la poésie de la méditation,* il doit arriver que la créature, qui a trouvé ces accens, et que ceux qui les écoutent, ressentent cependant un très-vif degré de plaisir, mais plaisir peu défini, qui ne touche en rien ce monde réel, et qui nous plonge dans une extase ravissante. C'est que l'âme a senti mystérieusement frémir au dedans d'elle des cordes qu'elle ne se connaissait pas elle-même. C'est qu'elle a la perception de rapports profonds et intimes entre l'univers extérieur et l'univers intellectuel dont elle est le centre; et comme rien ne ressemble ici à ce qu'elle éprouve, comme aucune image ne peut en être rapprochée avec succès, comme elle n'a jamais ressenti une harmonie semblable, alors elle goûte un plaisir dans lequel un certain vague est une jouissance de plus. C'est ainsi que le poëte de la méditation, se considérant lui-même avec inquiétude, et ne trouvant aucune image de la nature qui soit compétente pour représenter ces impressions, donne pleine carrière à l'imagination la plus sombre, s'égare dans les forêts, fréquente les tombeaux, et semble fuir la lumière positive du soleil pour la lueur plus douce de la planète des nuits, qui répand sur la nature une clarté douteuse, en rapport avec le vague de l'inspiration du poëte.

Il peut arriver même que *le poëte de la médita-tion* conçoive au dedans de lui des émotions tellement profondes, tellement mystérieuses, et qu'il essaie en même temps de les rapprocher d'images tellement vastes, tellement singulières, que sa poésie devienne à peu près inintelligible pour le reste des humains. Mais alors même ce barde sacré, penché sur sa lyre dont il comprend seul la mystérieuse harmonie , est en communion avec un univers dont celui-ci est bien loin, et jouit d'impressions d'autant plus délicieuses , qu'elles sont à jamais interdites aux profanes mortels , sans inspiration et sans génie.

L'isolement, la solitude de ce poète vient en quelque sorte de la *personnalité* de ses chants. *La poésie de la méditation* naît d'un rapport peu défini des émotions de l'âme avec les phénomènes extérieurs , en opposition avec *la poésie de l'observation*, qui naît d'un rapport précis de l'âme et des phénomènes. L'une est au-dessus de la nature, l'autre est à son niveau ; mais c'est la première qui nous donne les jouissances les plus durables, les plus immenses. Le poète de la réflexion plane davantage sur le monde sensible ; il contemple de plus haut les choses humaines et les phénomènes matériels.

Voilà, mon fils, la source la plus reculée et la plus vive de plaisirs qui ait été ouverte à la faible humanité. La poésie a d'abord des impressions positives, mais elle en a aussi de vagues, qui ne se peuvent mesurer. La puissance du vrai, souveraine absolue , ne peut rien avoir de vague dans son exercice. Mais la puissance du juste et spécialement la puissance du beau , dont la sphère est à la fois plus vaste et plus variée, procurent souvent à la créature des impressions vagues et délicieuses, parce que leurs arrêts, leurs émotions ne peuvent être rapportés clairement à rien qui soit positif, à nul phénomène humain.

Ainsi, il arrivera souvent que notre âme aimera se plonger dans des rêveries de beauté et de vertu dont elle ne pourra se rendre compte, et se placer dans des situations où la sensibilité ne pourra lui faire parvenir que des impressions obscures et vagues. Tel est le genre des plaisirs dont l'âme est pénétrée à la vue de beaucoup de monumens de la nature et des arts, qu'il est impossible de décrire d'une manière nette. La créature goûte ce sentiment délicat devant les plaines immenses de l'océan, sans limite, sans variété; à la vue des champs du ciel, qui sont solitaires et silencieux; à la vue des nuages amoncelés avant la tempête ou reflétant les vives couleurs du couchant. L'âme est saisie d'un sentiment pareil par tous les organes de la sensibilité; ainsi des bruits nous plongent dans cet état d'admiration profonde. Le mugissement lointain des flots, le murmure monotone d'une cascade, le fracas répété du tonnerre, le bruit du vent et du feuillage agité, le sourd mouvement d'une foule tumultueuse, tout ceci répond en nous à des émotions cachées, dont on ne peut rendre compte, et qui prouvent que supérieure à l'univers positif, l'âme recèle une foule d'émotions mystérieuses dans ses profondeurs.

La musique est surtout puissante pour produire cet effet. Souvent, la mélodie des instrumens et celle de la voix se fondent en un délicieux ensemble. Quelquefois même un certain vague ajouté aux pures créations de la puissance du beau, suffit pour la plonger dans une émotion toute différente de celle de la simple admiration. Ainsi cette colonnade, ce temple que nous trouvions si beau, nous n'avons qu'à le contempler sous un ciel vaporeux ou à la lueur douteuse de la lune, et son impression est changée : on perd tous les détails des formes ; on voit mal et incomplétement, mais cette sorte de demi-vue nous enchante et nous ravit. On dirait que cet objet est plus beau sous le nuage, comme quelques visages de femmes sous le voile, qui nous plaisent et par ce que nous voyons, et plus par ce que nous ne voyons pas.

Ce sentiment de vague que nous aimons à éprouver, et qui est si fortement réveillé en nous par la vue d'une belle nuit, est la principale cause du plaisir qui naît de l'aspect d'un ciel étoilé, où des points éclatans sont séparés par les taches noires de l'espace obscur, et en général de cette foule de tableaux du soir, du crépuscule, qui jettent notre cœur dans de si délicieuses rêveries.

C'est ainsi que l'océan troublé est toujours un magnifique tableau ; mais il est plus magnifique encore, quand pendant la nuit l'œil s'égare sur toute cette profondeur mugissante, et qu'une simple lueur blanche indique avec doute l'espace, où les montagnes d'eau sont venues couvrir le rivage de leur écume vaguement aperçue. Lorsque l'imagination agrandit ce spectacle en y ajoutant ses propres idées, c'est alors que l'océan déroule sa plus puissante majesté. Cependant, mon fils, de plus grandes impressions encore peuvent assaillir l'âme humaine. L'univers qui est placé en sa présence est quelquefois modifié de telle sorte, que l'âme devant lui entre en exercice subitement, et pour ainsi dire tressaille devant un spectacle inouï, étrange, qui se passe devant elle. Alors les puissances du beau, du juste, surprises dans leur repos et violemment réveillées, reconnaissent qu'il existe dans leurs profondeurs des impressions qui n'attendent pour se manifester que des phénomènes du monde, des spectacles naturels, qui sortant de l'ordinaire des choses, apparaissent pour atteindre un moment ces émotions puissantes, que le commun des choses ne saurait exciter.

Il existera donc dans la nature de tels tableaux, que leur vue révélera à l'âme des traits qu'elle ignorait complétement.

A la vue de ces phénomènes, rares et imposans, l'âme éprouvera à la fois *le sentiment de nouveauté*, parce que l'impression aura été totalement inconnue jusqu'à son apparition, *le sentiment de plaisir*, parce que la perception des qualités supérieures des puissances sera un nouvel et puissant exercice de leurs forces, *le sentiment de terreur*, parce qu'elle aura été introduite dans un univers gigantesque et immense.

Ces trois impressions réunies constituent *le sublime*. Toutes les fois donc que dans l'ordre naturel ou dans l'ordre moral il naîtra un fait, une apparence inouïe et rare, qui se mettra pour un instant sur le même plan que les plus puissantes émotions de l'âme, qui y reposent ordinairement dans un calme mystérieux, la créature éprouvera l'impression du sublime. Cette impression, unique et pure, prendra cependant trois formes qui en seront inséparables, la surprise, le plaisir et la terreur. Ainsi la théorie nous explique ce mélange singulier d'émotions qui constitue ce sentiment, mélange extrêmement curieux. Tous les spectacles sublimes, l'océan en fureur, une tempête, l'explosion d'un volcan, la vue d'un vaste cordon de montagnes, un grand effet d'harmonie, les ruines de Persépolis éclairées des rayons mourans du soir, une sombre et imposante forêt, un acte d'héroïsme absolu, un dévoûment complet au rigoureux devoir, la philosophie qui contemple froidement la douleur et la mort, le patriotisme, la conviction qui brave les supplices, toutes ces actions diverses réveillent au fond du cœur de l'homme les impressions les plus puissantes, les plus douces. On admire, on s'effraie, on s'attriste ; mais le dernier résultat de ces contemplations est d'élever et d'ennoblir l'âme, qui est rarement admise à jouir de ces apparitions qui frappent d'une délicieuse inquiétude et d'une sainte terreur. Aussi toutes ces choses sont *sublimes.*

Et le sublime doit être distingué avec soin des émotions qui ont pour cause les arrêts du juste et du beau. Les impressions de la vertu simple et de l'harmonie pure ne nous frappent point de surprise, de plaisir et de terreur. Ces choses sont la triple forme du sublime, qui est cependant une impression simple, et dont les formes ne se manifestent que lorsque nous les jugeons d'après nos rapports avec l'univers et la place que nous y occupons. L'impression du sublime en elle-même est toute simple. C'est un trait immense des puissances de l'âme, qui est réveillé par un grand spectacle extérieur, et qui, dans la nature ordinaire, ne trouvait rien qui pût l'émouvoir. De plus, la source du sublime est indubitablement en nous, parce que l'extérieur, ou les phénomènes qui le produisent, n'ont rien, comme phénomènes se passant dans le temps et dans l'espace, qui soit compétent pour produire la terreur, ou la tristese, ou l'admiration. Que fait au voyageur une collection d'arbres appelée forêt? Que lui importent les flots en furie, qui s'arrêtent impuissans au pied des rochers où il se place en parfaite sûreté? Qui l'oblige de perdre son regard sur la vaste voûte du Ciel, où il ne rencontre rien? Mais tout ceci, cependant, parle à son cœur en termes d'une inexprimable éloquence. Son âme est réveillée ; elle sent ses plus mystérieuses puissances s'ébranler et frémir, lorsqu'à l'oreille de l'esprit retentit cette voix de l'océan, des forêts, des torrens, du ciel, dont nul langage humain ne peut peindre la sublime harmonie.

Il est donc possible, mon fils, si nous poursuivons cet examen mystérieux de nos pouvoirs, que nous puissions signaler de loin dans notre âme, des traits, des émotions, auxquelles rien dans l'univers, ni moral, ni physique, ne peut correspondre en quelque chose, une soif de grandeur, une tendance de sublime que rien ne peut satisfaire ici-bas. Alors, à la vue du plus magnifique spectacle naturel, au récit de l'acte de dévoûment le plus complet, l'âme sentira en elle qu'il est quelque chose dans les existences, de plus beau que ce spectacle et de plus grand que cette vertu, quels qu'ils puissent être. Lors donc qu'on lui présentera de tous les élans du devoir le plus complet, de tous les tableaux de la nature le plus imposant, de tous les produits des arts le plus parfait, l'âme, recucillie en elle-même, et dégoûtée de toutes ces créations, sera entraînée vaguement, et comme malgré elle, à les douer d'une grandeur, d'une beauté, d'une perfection supérieure à tout ce qu'elle voit, degré de grandeur qu'elle pressentira sans savoir le réaliser. Elle se plaira à revêtir une foule d'impressions de la nature, de la morale et des arts, d'une perfection imaginaire dans ce monde, et plus parfaite que tout ce qu'il a pu accomplir. C'est de là, mon fils, que prend naissance *la tendance à l'infini*, qui n'est que l'expression de la supériorité de l'âme sur tout ce qui se passe dans cet univers. L'idée de l'infini, une des plus vagues et des plus remarquables que nous puissions ressentir, provient de ce que l'âme comme puissance de juste et de beau, est toujours portée à appliquer ces puissances comme juges souverains et absolus; et comme rien ne correspond exactement à leur noble nature, comme aucun trait des phénomènes ne peut satisfaire la portée de ces puissances, elles s'élancent involontairement vers ce degré infini où leur grandeur sera remplie, et où leur nature immense sera satisfaite autant qu'elle demande à l'être.

Les puissances de l'âme ont donc encore un caractère que nous n'avons pas reconnu, leur tendance à l'infini.

Ce désir d'infini est la manifestation la plus claire de leur nature, bien différente de tout ce qui est matière. Devant un univers dont elles sont mécontentes, émues, mais non rassasiées des merveilles des arts, de la poésie, de l'éloquence et de la morale vulgaire des humains, elles ne laissent perdre aucune occasion d'y échapper, et de saluer de loin ce sublime avenir où elles ne seront plus captives.

Ce désir d'infini sera toujours accompagné d'un sentiment de tristesse, mais d'une tristesse douce, qui n'est pas sans quelque charme. Elle provient de ce que la créature se révèle à elle-même, en l'éprouvant, que cet état de choses n'est pas complet. C'est une découverte du néant de ce monde, qu'elle vient de faire, et une impression douloureuse résulte des mécomptes qu'elle y trouve. L'âme, quoique retenue devant un univers qui ne la vaut point, méprise ses douleurs et sa captivité, se réjouit quand elle a bien employé son temps, pressent sa délivrance et son immortel avenir : comme le vieux Prométhée du poète grec, elle se résigne fièrement, parce qu'elle sait que ses fers seront brisés un jour, et que le feu céleste, qu'elle a contribué à répandre chez les hommes, n'y sera jamais éteint. Mais ce qui doit surprendre, c'est que cette grande idée de l'infini apparaît aussi quand on l'applique à l'univers, même matériel. Le temps et l'espace, qui sont ses deux caractères, ses deux conditions, nous apparaissent aussi sous la livrée de l'infini. Et quand cette puissance du vrai, que nous avons reconnue, juge souverain et infaillible appréciateur de tout, examine le temps en lui-même comme simple durée, et l'espace en lui-même comme simple grandeur, elle prononce aussitôt d'une manière certaine, que l'infini appartient aussi à ces deux formes de l'univers extérieur.

Voici donc, mon fils, le point commun, et pour ainsi le passage et la réconciliation entre deux univers qui jusqu'ici n'avaient rien d'analogue, que leur existence l'un à côté de l'autre.

Les deux univers, celui de la pensée et celui des phénomènes, sont donc tous deux infinis. Tous deux, si long-temps séparés pour nous, reprennent un même caractère, et se réunissent sur la voie sublime de l'infini. Car l'âme est infinie comme le monde, le monde est infini comme l'âme. De toutes parts l'infini nous entoure, et partout où nous jetions les yeux, son mystérieux abîme s'ouvre à nos faibles regards. Mais dans cette tendance commune et du physique et du moral à une grandeur, à une dignité au-dessus de toutes les grandeurs et de toutes les dignités, il existe en nous une puissance, la plus grande de toutes, qui échappe à cette notion d'infini, ou plutôt qui a atteint sa limite dernière. Cette puissance, qui ne peut s'élever davantage, est la puissance du vrai. Cette puissance qui nous dicte des arrêts auxquels rien ne peut être ajouté ni retranché, cette puissance qui ne saurait être plus parfaite, cette puissance est donc parvenue à l'infini complet, c'est-à-dire à la pure vérité absolue. Ainsi, tandis que l'espace et le temps sont toujours incomplets et variables, et tendent à l'infini, tandis que le beau et le juste sentent que leur règne n'est point arrivé et qu'il manque quelque chose aux objets qu'ils jugent, la puissance du vrai intervient dans toutes ces incertitudes, dans toutes ces ébauches, et marque tantôt quelques phénomènes de grandeur et de temps, tantôt quelques émotions de vertu et d'harmonie, d'un caractère complet, d'un arrêt absolu, auquel rien ne manque, et qui est parfait.

Tout, en philosophie, s'avance vers l'infini. De toutes parts on découvre et l'âme et la forme des phénomènes, s'avancer vers une grandeur que nul esprit mortel n'a encore atteinte, même en imagination. La puissance du vrai, plus absolue, semble accompagner l'univers dans cette route immense. Elle répand du positif, du certain sur ce voyage, qui entraîne tout vers l'infini; et tout l'univers moral et physique, tout cet assemblage de grandeur, de durée, d'activité, de vertu, de poésie, de sublime et de beauté, paraît s'avancer majestueusement, sous le flambeau du vrai, en un majestueux cortége, comme attiré vers un point où la raison de tout sera remplie, et où chaque être, conservant sa liberté sans laquelle il n'est rien, atteindra cet infini de justice, de beauté et de grandeur, dont l'idée est aussi consolante qu'elle est sublime.

Tous, nous ne formerions ainsi qu'un vaste dessin, qu'une marche unique, qu'un immense drame, dont l'action et physique et morale, s'agrandissant sans cesse, est en marche vers l'infini, vers lequel, sans le savoir, nous nous avançons tous sans fatigue, sans contrainte, et sans intervalle.

Mais si les deux univers sont ainsi entraînés, comme notre soleil et ses planètes paraissent s'avancer en corps vers un point de l'espace des cieux, osons nous demander, mon fils, quel est ce centre mystérieux vers lequel nos destinées se précipitent, quelle est cette chose où nous sommes attendus, quelle est cette réunion immense, comme un tribunal où tout est appelé. Mon fils, nous allons enfin examiner ce problème, le plus hardi de l'esprit humain. Sa grandeur nous éblouit, nous effraie, et nous écrase. Sa majesté nous investit de toutes parts. Mais la puissance du vrai nous reste pour boussole et pour guide, et sous sa tutelle, les faibles et tristes humains peuvent être assimilés à ces anges de lumière qui recevaient les ordres de l'Éternel, et qui traversaient en sûreté l'immense abîme, porteurs d'un céleste flambeau. »

XIV.

« Il est temps, mon fils, d'abandonner pour un instant les hautes questions de la philosophie, pour arriver à l'expérience et pour juger l'homme et ses devoirs tels qu'ils sont, sans faire planer la tendance infinie de notre âme au-dessus des réalités positives des choses. Commençons une dernière recherche, et voyons s'il ne nous sera point possible d'en faire découler les vérités qu'il nous importe le plus de connaître; et ce que nous sommes impatiens de posséder. Nous allons contempler de plus près l'homme et les choses, et peut-être pourrons-nous nous élever ensuite aux vastes conclusions, que ses idées dominantes et sa position renferment. Encore une fois, par une route terrestre, nous allons arriver à l'infini.

D'abord, examinons, mon fils, où réside le bonheur, que tous les hommes poursuivent avec une si vive ardeur. Pour résoudre cette question, il faut essayer de fixer la *théorie du bonheur*. Il faut voir en quoi consiste ce sentiment singulier, cet impérieux désir qui entraîne tout le genre humain. Car le bonheur a été justement comparé par les poètes à un palais enchanté dont l'accès est difficile et périlleux, sans que les dangers qui l'environnent ni les déception squi l'entourent servent de leçon à la foule, et deviennent un avertissement salutaire pour les insensés mortels. Le bonheur ne peut se distinguer du plaisir, et la puissance parfaite s'identifie avec la félicité parfaite. Quelle est donc la mesure et la qualité du plaisir accordé à l'homme? Quel est le plus vaste, le plus constant, le plus digne de lui? Voilà les points que nous devons résoudre.

En examinant précédemment la nature du plaisir, nous avons reconnu que ce sentiment est attaché à l'exercice de toutes les forces physiques ou morales dont notre être soit susceptible. En général, le plaisir, c'est l'activité.

Mais la sensibilité, source de toutes les passions qui appartiennent aux organes matériels, et la raison, source de toutes les passions qui appartiennent aux puissances intellectuelles, ont chacune leur activité, et, par une suite nécessaire, ont chacune leur plaisir. On ne peut pas nier les jouissances des sens, pas plus que les plaisirs de l'esprit. Seulement il faut savoir lequel de ces deux plaisirs est préférable. La question est grave. Il s'agit de réfuter le voluptueux.

Pour parvenir à une solution, il faut partir des caractères mêmes de la sensibilité et de la raison.

Or , la sensibilité est tellement construite qu'elle est apte à ressentir des impressions agréables ou déplaisantes , mais qu'il lui est interdit à jamais de juger elle-même ce qu'elle fait. La pure sensibilité n'a aucune espèce de contrôle sur les plaisirs des sens. Elle les classe, elle les distingue ; mais elle ne peut ni les condamner ni les absoudre. Il faut encore ici réduire strictement la sensibilité à la pure action de sentir , et ainsi définie elle ouvre une carrière sans limite et sans frein à tout désir sensuel. Tout ce qui l'excite lui convient. Elle ne possède en elle aucune règle , aucun juge qui puisse la contenir et l'empêcher de déborder. Qui pourrait donc avertir la sensibilité d'un excès ? Rien, que les suites, rien que la détérioration des organes, la douleur, l'impuissance qui suivent les abus. Ainsi la sensibilité ne pourrait s'arrêter , et , sans avertissement préalable , elle serait punie seulement par ses excès.

Mais, ainsi que la sensibilité , la raison a aussi son exercice, et par suite ses plaisirs. Mais la raison a quelque chose de plus que la sensibilité ; nonseulement elle a son exercice, mais encore elle possède sa loi. La raison a un frein. Elle porte un flambeau. La raison sait quand elle dévie de la route droite. Quand elle croit avoir justement appliqué sa puissance du vrai, et qu'elle reconnaît avoir commis une fausseté, le faux la blesse. Quand elle juge quelque chose qui soit contraire à sa puissance du beau, le laid lui déplaît. Enfin, surtout, quand usant de sa liberté elle viole sa puissance du juste, le remords lui sert et de leçon et de châtiment.

Ainsi la sensibilité qui n'éprouve ni dégoût ni remords, tant qu'elle jouit ni après avoir joui, ne sait où elle va, et s'avance sans guide. La raison sait ce qu'elle fait. La sensibilité ne porte en elle aucun secret moniteur. La sensibilité, comme sensibilité, n'a jamais tort de jouir; mais la raison connaît son essence, et sait quand elle s'en écarte.

Tandis que ces deux pouvoirs, que nous portons tous deux en nous, ont droit à être exercés, tandis que leurs arrêts sont également clairs, le philosophe doit conclure que les arrêts de la raison sont les souverains des arrêts de la sensibilité, parce que la raison possède une loi dont elle ne peut s'écarter sans faire violence à sa nature et que la sensibilité n'en possède aucune.

La raison et la volupté chez l'homme ont toutes deux le plein droit d'être exercées. Si elles peuvent être exercées et vivre ensemble, la créature ne doit point se les interdire; mais si la raison s'oppose à une volupté quelconque, la raison doit être écoutée de préférence, parce qu'elle possède une loi qui lui est révélée par le fait du *remords*, et la volupté n'a d'autre loi qu'elle-même et le goût des plaisirs.

Le trône où nous plaçons la raison n'est donc point dans l'âme humaine un trône usurpé. Elle a droit de souveraineté, parce qu'elle possède en elle-même une loi, et que la sensibilité n'en possède point qui balance l'autorité de la raison.

Ainsi nous admettons la dignité absolue des plaisirs de la raison, comparés aux plaisirs de la sensibilité. La sensibilité n'est jamais rappelée à une loi quelconque, bien différente de la raison, à qui de prompts remords font expier un écart. La volupté, un bandeau sur les yeux, nous entraîne par un sentier fleuri vers un précipice qu'elle ne saurait prévoir; la raison sait que nous y marchons, et sa voix éloquente nous crie d'arrêter.

La philosophie ne peut donc offrir au genre humain qu'un seul précepte universel, et qui ne souffre aucune exception : « CONDUIS-TOI CONFORMÉMENT A TA NATURE. » Et par cela même, le voluptueux se trouve réfuté en tous ses plaisirs illicites, parce que sa nature est de posséder une loi qui les condamne tous.

Les lois des puissances de notre âme sont toutes évidentes, et nos devoirs en découlent aussitôt. Nos puissances sont actives et veulent être exercées. Il faut donc poursuivre et aimer la vérité, parce que c'est là le désir irrésistible et la nature éternelle de la puissance du vrai.

Il faut jouir des spectacles de la nature et des merveilles des arts, parce que l'essence de notre puissance du beau est l'admiration, et qu'il existe une mystérieuse liaison entre la vertu et l'harmonie.

Il faut s'appitoyer sur tous les malheurs, et respecter l'activité de tous les hommes, parce que nous possédons une puissance du juste dont l'essence est la pitié, et qui a la liberté pour forme. Et il faut être juste d'une manière absolue, sans avoir aucun égard aux conséquences qui en pourront résulter, fussent-elles au plus haut degré fâcheuses pour la créature. Il le faut, parce que la puissance du juste est absolue et ne permet aucun détour ni aucune faiblesse. Donc tout motif d'INTÉRÊT quelconque est exclu de l'action du philosophe. L'intérêt est un motif étranger à la loi de nos puissances. C'est un fait par lequel la créature immole la puissance de son âme à un fait extérieur, à un fait de la sensibilité. L'intérêt est toujours une abdication. Aussi, dans tous les temps, le véritable sage l'a contemplé avec un souverain mépris.

Aux yeux du philosophe, chaque créature doit travailler pour les causes et jamais pour soi. Aux yeux du philosophe, *le moi individuel* doit être regardé comme un moyen, et jamais comme un but.

L'essence de l'âme est de résister sans cesse à toutes les actions qui sembleraient faites pour l'altérer.

Le but constant d'un vrai philosophe, c'est de marcher droit, quoi qu'il arrive ; il doit s'affranchir complétement des faits et des conséquences. Il les juge et n'est pas gouverné par eux.

Rien donc, à ses yeux, ne peut obscurcir les arrêts de ses puissances ; le sage les voit toujours également pures; il les contemple au-delà de l'expérience; il les traite plus dignement que les anciens ne traitaient leurs dieux, car les anciens voilaient leurs dieux dans les grandes calamités.

Il n'est ici qu'une chose immuable et étrangère à toute vicissitude : ce sont les *idées*.

Les idées des hommes envisagés en masse, ou des nations, se peignent dans leurs institutions. Tantôt les idées sont plus avancées que les *institutions*, tantôt les *institutions* dépassent les idées.

Quand les idées sont plus élevées que les institutions, une révolution est imminente; il faut que les institutions changent.

Dans ce cas, la révolution est belle et utile; elle respecte toute propriété, et a pour guide la justice.

Quand les institutions portées en avant tout-à-coup par enthousiasme ont dépassé les idées, elles périssent et rétrogradent; car les lois des peuples sont l'expression des idées.

Tous les conflits des peuples et des gouvernemens proviennent de la différence entre ces deux états.

Un gouvernement est solide quand les institutions égalent les *idées* et sont à leur niveau. Un gouvernement libre est donc celui où la masse est assez éclairée pour que ses idées dominent.

Tous les états tendent vers l'équilibre des idées

et des institutions. C'est là ce qu'on peut entendre par la perfectibilité.

Un peuple n'est jamais admis à se plaindre; un
individu peut former des vœux solitaires; les
masses, pour obtenir, n'ont qu'à vouloir. Donc
un peuple est toujours ce qu'il *peut* être.

L'idée de la liberté est toujours sainte; elle est
composée de *vertu* et de *lumières*. Toute tyrannie
des chefs est de l'*égoïsme* ; toute *lâcheté* des peuples est aussi de l'égoïsme.

Une révolution subite ne réussit presque jamais,
parce que la raison des masses est progressive.
Elle profite à l'espèce et afflige la communauté
pour un moment; c'est un orage qui épure l'air
et porte le ravage sur le champ où il éclate.

L'idée de la liberté est totalement indépendante de l'histoire et des faits; elle n'est pas *ré-
futée* par l'expérience; elle a passé sans tache au
travers des siècles du plus complet esclavage;
Homère nous en donne l'image; c'est Minerve
qui traverse les rangs des Grecs, sans souiller son
armure de poussière ou de sang.

La liberté ne peut être que l'ouvrage du temps.
Elle est aussi lente à croître que difficile à détruire.
C'est un arbre majestueux, l'ornement des forêts, qui pour une foule de générations n'a long-
temps été qu'une espérance lointaine, mais qui
enfin reçoit la postérité sous son ombrage, élève
sa tête jusqu'au ciel, et jette ses racines jusqu'aux
fondemens de la terre.

La liberté est l'affaire des peuples et non des gouvernemens. La forme de ces derniers est peu importante, pourvu qu'ils assurent les droits et qu'ils fassent observer les devoirs de tous. Quand un peuple se jette dans l'anarchie, viole une loi expression de la volonté de la nation, outrage les personnes, les pensées ou les propriétés; quand un gouvernement opprime, asservit les pensées ou les personnes et promulgue des lois non confirmées par la raison : dans ces deux cas, le système est mauvais, et sa chute est toujours une gloire et un bienfait. Une nation, un état social quelconque, doit toujours viser à faire régner dans l'ensemble les puissances libres dont l'âme est dépositaire; privés de liberté, les hommes ne méritent plus le nom d'hommes, et toute dignité s'en retire.

La liberté, les institutions, les mœurs, sont toujours l'expression a peu près exacte des idées des masses. Aux divers siècles de l'histoire, ces choses ont éprouvé de grands changemens; mais leurs idées sont restées les mêmes; les formes seules ont changé. Lorsque la nuit du préjugé est générale, lorsque les malheurs publics paraissent sans remède, lorsque les passions déchaînent toute leur violence, les idées, conservant leur pureté inaltérable, entretiennent l'espoir et la confiance de ceux qui ont foi en elles. Elles relèvent, elles soutiennent, elles éclairent l'humanité. Au milieu des vicissitudes terrestres, le sage se réfugie dans leurs hauteurs, comme cet oiseau qui se pose une retraite au-dessus des nuées.

Le philosophe flétrit de sa désapprobation toute créature qui se retire du monde, car c'est dans le monde que se trouvent les devoirs qu'il est le plus nécessaire de remplir, et les séductions auxquelles il est le plus méritoire d'échapper. Une retraite complète n'est que le masque de l'égoïsme, de la lâcheté. Il existe plusieurs espèces de mal : d'abord dans le mal physique, il en est un genre qui découle des égaremens de la sensibilité ; chaque créature en est cause et en répond. Il en est un autre genre qui découle des lois naturelles, sur lesquelles nous ne pouvons rien. Ce dernier est inexplicable.

Quant au mal moral, l'homme seul en est la cause et la source. Il résulte de notre liberté, qui nous rend maîtres de le produire ou de l'éviter. La sensibilité nous pousse sans cesse au plaisir, et à une jouissance qui nous est personnelle ; le juste nous pousse sans cesse au devoir, à une influence vertueuse sur les autres. La sensibilité est donc souverainement égoïste ; la raison est donc souverainement expansive, De là il résulte que les plaisirs de la sensibilité sont très-souvent opposés aux plaisirs de la raison, et comme la raison, armée d'une loi, est souveraine, la sensibilité doit lui être sacrifiée.

La sensibilité, par une disposition très-remarquable, est souvent un être antagoniste de la raison. La raison doit donc viser sans cesse à mé priser son empire et à triompher de ces guirlandes de fleurs dont elle voudrait ceindre le front du philosophe. Il s'engage donc entre elles une lutte vive et animée dans le sein de chaque créature. Les puissances de l'âme sont les armes du combat; les passions sont les ennemis, et la récompense de la victoire est dans le sentiment de l'avoir obtenue. Le véritable sage recherche, mais au besoin il méprise l'approbation publique. Il sait même se passer des hommages de l'avenir, et il se couronne lui-même.

De cette douce pensée naît le sentiment du MERITE, qui est la conscience pour chaque créature d'avoir obéi à sa loi; conscience délicieuse, sentiment sublime, le plus noble plaisir que l'homme puisse goûter, plaisir que nulle puissance humaine ne peut ni lui donner ni lui ravir. Le sentiment de mérite, sentiment consolateur et profond, fixe donc la morale comme loi de notre conduite. Elle confirme et ratifie le choix volontaire que notre liberté fait de la sagesse.

De plus, ce qui est une remarque de la plus haute importance, le sentiment de mérite se révèle à nous comme indispensable au bonheur parfait. Qui peut nous avoir dit cette liaison? Ce n'est point ce monde, où le plus souvent la vertu mène à l'infortune. Cette conviction vient donc de plus haut que ce monde, c'est-à-dire, elle naît dans le sein de notre âme elle-même : si en ceci elle eût écouté le monde, l'âme fût arrivée à la conclusion contraire. Le monde lui présente le palais doré de Néron; elle préfère la coupe de Socrate,

Les puissances de l'âme ont toutes un trait de commun; elles tendent à l'exercice infini, parce que l'exercice infini, c'est l'obéissance infinie à leur loi, c'est pour elles le bonheur infini, le *souverain bien*. Le vrai vise sanscesse à la vérité pure. Le juste et le beau rêvent la justice et la beauté idéale. Leur bonheur y est renfermé. Hors, cette conclusion est en contradiction manifeste avec toute l'expérience, avec toutes les réalités des choses humaines. Nulle part nous ne voyons dans ce monde que le culte désintéressé de la vérité et du bien aboutit au bonheur. Sans doute la conscience du genre humain proteste sans cesse contre l'injustice, qui s'acharne à la vertu : mais pour cela, la persécution ne lâche pas prise. Elle poursuit sa fureur au milieu de l'indignation qu'elle soulève. Ceci revient à dire que le stoïcisme, admirable en théorie, est complétement réfuté par l'expérience.

Ce sentiment de la liaison nécessaire entre la vertu et le bonheur, entre la conscience et la félicité, est peut-être la conviction la plus forte de notre nature. Rien ne peut l'éteindre ou même la diminuer en nous. En vain, elle est démentie par l'expérience constante de ce monde. Elle est plus forte que le monde. La vertu luttant contre le sort a toujours paru de tous les spectacles le plus sublime.

Mais cette idée, cet espoir du bonheur par excellence, est un sentiment constant, général, perpétuel, qui enveloppe et surmonte toutes les puissances de notre âme. Notre existence active, en tant qu'elle dépend de nous, est un essai permanent pour y arriver. Le bien-être est notre vie; le mal-être est notre mort. Ce désir gouverne donc et embrasse toute notre activité. Il est donc plus qu'un sentiment de notre esprit; il est *une loi* de notre nature.

Le désir du bonheur étant démontré être *une loi* à laquelle nous sommes nécessairement soumis, et qui surmonte toute notre activité intellectuelle, doit donc à lui seul renfermer la cause et le but de toutes nos facultés et de toutes nos puissances. La substance de notre vie active y est donc renfermée. En effet, en l'examinant, nous allons y trouver notre âme tout entière. Le *souverain bien* exige la possession de la vérité, il veut connaître les causes, il aspire à la sagesse, il exige encore la conception du beau, aussi absolu que nous le pouvons espérer; il requiert la pratique de la vertu, aussi rapprochée de l'idéal que nous le pouvons; il permet le plaisir de la sensibilité, gouvernée par la puissance du juste et surtout unie avec cette puissance, comme dans *l'amour;* enfin le souverain bien veut une autre condition indispensable à son existence, la liberté : sans choix, sans liberté entière d'action, pas de bonheur. Ainsi le *souverain bien* est l'expression la plus générale et la plus élevée de l'âme humaine.

De plus, *le souverain bien* jouit encore d'un autre caractère; c'est que dans notre activité présente, les bonheurs que nous goûtons nous paraissant toujours de petites portions de lui-même, de faibles tentatives pour en approcher, le sentiment que nous en avons aspire toujours à se satisfaire et à l'atteindre. Nous ne pouvons nous former aucune idée de bonheur tel qu'on n'y puisse ajouter quelque chose; nous n'avons jamais vu ni senti que des félicités fort incomplètes. Ce désir, de plus, sous le point de vue de la possession du *souverain bien*, nous paraît hors de l'espace et du temps. Nous sentons avec netteté que si notre activité était confinée à des limites quelconques de durée ou de grandeur, de science, de vertu ou de beauté, notre bonheur serait imparfait. Tant qu'il nous resterait quelque chose à connaître, ou à aimer, ou à désirer, nous ne serions pas heureux. Le caractère d'infini est donc par excellence le caractère du *souverain bien*.

L'espoir, la confiance du *souverain bien* est donc la loi la plus générale de l'humanité. Le bonheur, qui résulte de la satisfaction de la sensibilité, est, comme nous l'avons vu, limité, périssable même dans la vie, et il doit être gouverné par la conscience, ou la puissance du juste. Mais le *souverain bien* est un sentiment absolument différent. Il se compose de la connaissance de la vérité, de la beauté et de la vertu, en tant que toutes ces puissances sont gouvernées par la liberté absolue; et comme si ce pur sentiment eût fait une concession à notre faiblesse, il semble qu'il tolère en lui-même l'existence de l'amour, parce que dans cette impression exquise la volupté est ennoblie par son union avec la vertu. Mais l'idée du *souverain bien* n'est pas seulement un désir, un espoir, un sentiment, comme on l'a trop souvent représenté, il est pour toutes les âmes, et pour tout l'univers moral, UNE LOI, un but nécessaire, une tendance à laquelle nul ne peut se dérober. Tous, sans exception aucune, nous nous agitons autour du bonheur.

Mais ce *souverain bien* vers lequel nous faisons toujours des approches bien faibles, cette loi de notre nature doit exister quelque part douée de tous ces caractères. Elle ne nous vient pas du monde, où tout dépose contre elle. Elle n'est pas un produit de notre âme, car notre âme aspire à la posséder sans pouvoir la réaliser jamais, pas plus que la notion de l'infini. Elle n'est une conception de personne, parce que nul mortel, nul sage n'a pu faire qu'une quelconque de ses idées devînt pour nous loi générale.

De plus, mon fils, cette confiance avec laquelle nous admettons qu'une loi, réunissant en elle tous les caractères du *souverain bien* ou du *souverain bonheur*, a bien réellement quelque part une exislence positive et certaine, nous est inspirée surtout par un fait capital de notre âme. La *liberté,* qui est le caractère supérieur des puissances de notre âme, est une loi complète; nous ne sommes pas maîtres d'entrer en possession de toute la vérité; surtout nous ne sommes pas maître de réaliser en nous la conception absolue et pure du juste, ni du beau; mais nous sommes possesseurs absolus de notre liberté. Limités dans l'exercice de nos autres puissances, nous ne le sommes point pour cette dernière. Nous sommes radicalement et complétement libres. Quand notre corps ou l'univers nous arrête, alors notre pensée passe au-dessus de tous deux. Si donc notre liberté, loi complète, habite dans l'âme avec le juste et le beau, lois maintenant incomplètes, l'unité entre ces choses doit se rétablir quelque part. Un sentiment profond, qui n'émane d'aucune de nos facultés en propre, nous avertit hautement que le juste et le beau tendent à se compléter comme la liberté, et qu'il existe bien certainement une loi où ces deux puissances seront parfaites comme la liberté, et atteindront aussi l'infini où cette dernière se repose.

Il existe donc bien sûrement, en dehors de l'univers extérieur et en déhors de nos facultés, une loi générale, la raison suffisante du *souverain bien;* une loi dans laquelle toutes les puissances de l'âme atteignent leur infini avec la liberté; une existence infinie où l'activité et la liberté souveraine sont réunies à la connaissance complète de toute la vérité, et à la conception pure du juste et du beau absolu. Ces caractères magnifiques réunis en une grande et mystérieuse unité, forment une existence en elle-même, qui contient la cause et la loi de tout ce qui est, de tout ce qui sent, de tout ce qui pense; la cause et la loi de toutes les libertés, de toutes les vérités; de tout ce qui est bien, de tout ce qui est beau; et comme cette cause suprême de tout l'univers physique comme de tout l'univers moral, est de la manière la plus rigoureuse complétement hors de l'espace et du temps, étrangère à tout changement, à toute vicissitude, à toute limite, elle est à la fois essentiellement active et infinie : comme elle renferme le dernier terme de toute notre vie, de nos espérances, de toutes nos lumières, alors tout ce qui est et tout ce qui se fait, toute la théorie de toute l'âme, ont dû nous entraîner jusqu'à la reconnaître.

C'est cette grande existence, mon fils, que j'appelle Dieu, l'être complétement libre et complétement infini.

Il résout et réalise le *souverain bien*, et tous les problèmes où l'âme pure réunit ses forces et son activité. Il est la loi de tout, et au bout de toute philosophie, dernière et sublime conclusion de la science, il se présente à nos regards, après que nous l'avons long-temps cherché, non seulement doué de l'existence, mais revêtu des caractères

éternels de la vérité, de la justice, de la beauté
et du bonheur ou de l'activité infinie. Comme il
est la loi de tout, tout remonte à lui, toute *vraie
philosophie* est une hymne à sa louange.

L'univers nous démontre son intelligence; les
cieux et la mer nous disent sa grandeur; l'âme
seule nous dit sa justice. Tant d'ouvrages, tant
de desseins, tant de puissance, révèlent la raison
même, le créateur, le maître, le roi; mais c'est
l'âme humaine et son admirable conscience qui
nous démontrent le Dieu bon, le consolateur, la
providence et le père du genre humain; « *notre
père*, qui es aux cieux ».

Telle est, je pense, la conséquence à laquelle
on arrive par la philosophie; telle est la conclusion scientifique où l'on est mené nécessairement.
Mais, quoique la voie soit scientifique et forme
le couronnement de la philosophie, cette conclusion, par une foule de voies bien plus simples, s'est manifestée à l'humanité. La théorie les
explique toutes par une seule considération générale : c'est que l'idée certaine du souverain bonheur, de la souveraine justice, beauté et activité,
vers laquelle l'âme se porte sans cesse, résulte
d'une foule d'impressions que chacun ressent,
même sans y réfléchir beaucoup. Toutes les fois
que la vérité d'une loi de la création ou la grandeur d'un spectacle extérieur, toutes les fois que
le sentiment d'un juste idéal ou d'une beauté souveraine ou d'une liberté parfaite s'est offert, tou-

tes ces idées ont leur liaison avec l'idée complète, le souverain bien, et elles ont dû nécessairement réveiller la conception de Dieu. En un mot, toutes ces idées diverses, qui embrassent les devoirs, les activités, les sublimes, les arts, ont pu devenir *religieuses*. Ainsi, il n'est jamais arrivé que l'idée de l'infini , ou le spectacle du beau , ou l'exemple d'une haute vertu, ou même la vue du sublime, l'impression d'une mélodie ravissante , n'ait été accompagnée d'un sentiment religieux. La plus grande des idées pénètre jusqu'à l'âme par toutes ces voies diverses. Il suffit d'assister à un tableau extérieur, ou moral, qui détache de la terre, qui élève au-dessus des réalités actuelles , pour sentir une divinité présente. Ainsi , mon fils , nous avons trouvé le fait d'un Dieu au sommet de toute la science , et en redescendant dans l'univers, on peut encore reconnaître sa manifestation partielle dans tous les phénomènes où entrent les sentimens d'infini, élémens du *souverain bien*. Ce sentiment aussi plane au-dessus des choses présentes ; il s'en dégoûte ; il s'en retire ; voilà pourquoi l'idée d'*immortalité* entre essentiellement dans toute idée religieuse.

La loi de *causalité* n'est autre chose que l'empreinte du dessein de Dieu. Cette loi dérive de ce que l'univers est un effet de sa puissance , et comme l'être infini a conçu et a produit les deux univers , physique et intellectuel , tous deux ont gardé l'empreinte de la loi qui les a formés.

La grande conviction qu'il est un Dieu, n'est pas une conclusion, un raisonnement, une découverte ; c'est un fait auquel l'âme humaine nous mène ; nous le savons, comme nous savons que nous pensons. Il se montre au-dessus de toute la science : c'est lui qui couronne l'œuvre de ses mains.

Il y a rapport entre les deux univers de la pensée et de la matière ; ces rapports constituent l'exercice des puissances de notre âme sur l'univers, par leur essence et par leur forme. Ils rendent possibles et réels la science, la morale et les arts. La cause de ces rapports ne peut résider ni dans l'un de ces univers, ni dans l'autre. Mais elle doit les envelopper tous deux. C'est là, la cause de l'harmonie générale. Cette cause est la substance proprement dite de tout. Elle est l'unité absolue. On peut donc y arriver de deux manières, par analyse et par synthèse.

Dès ce moment, mon fils, nous pouvons encore mieux juger de notre position ; nous pouvons donner à notre existence une carrière plus vaste, fixer nos devoirs sur une base plus large, et nettement reconnaître notre vocation. Aspirant sans cesse à nous identifier avec le *souverain bien*, vivant en présence de cet être qui possède tout complétement, il nous est facile de voir maintenant si le mal sera ou non réparé un jour, et si l'idée que le plus souvent nous porterons la peine ici de notre indépendance, doit nous y faire renoncer. Qui peut croire un seul instant que cet être immense ne relèvera point la vertu opprimée par l'injustice, et ne lui tiendra point compte de ses pleurs solitaires. Ainsi, qu'ils tremblent, les égoïstes, les op presseurs, les cupides, les tyrans, les persécuteurs! les bons attendent l'avenir; les méchans le subiront, et compte leur sera demandé. Il existe un être infini, bon et puissant : donc, chacun sera mis à sa place, et tout sera réparé.

La vie du philosophe véritable, c'est le *culte* des idées.

DIEU en est le type infini; c'est là, la religion universelle du genre humain.

Les disciples de cette religion peuvent être *obscurs, pauvres, malheureux*, mais ils sont toujours saints.

Souvent le sage est réduit à fuir le grand jour; il va trouver *les idées* dans leur solitude; il orne de fleurs des autels abandonnés; il fréquente un temple désert.

Cependant, alors même, il obéit à sa nature, et, plein de la sainteté du lieu et de la divinité présente, il attend en paix le moment où l'être infini sauvera les enfans des hommes, ou laissera tomber la foudre sur les coupables.

Les *idées*, dans ce sens, sont la traduction pratique des puissances de l'âme. Elles sont d'une analyse difficile; leurs procédés sont obscurs. Elles habitent une région inaccessible aux regards des profanes; mais leurs vrais disciples s'entendent et se comprennent. La créature ne voit pas les idées; mais elle en est pénétrée; elle les sent et elle doit les suivre, car la difficulté de leur étude ne rejaillit point sur leurs lois. La théorie, sous ce rapport, a peu fait pour le vrai, le beau et la morale, parce que l'idée de ces choses devance et surmonte toutes les théories.

La théorie n'a point beaucoup éclairé notre route, parce que nous ne l'avons pas attendue pour marcher. C'est l'idée même de ces lois qui est le flambeau et la boussole de l'humanité. Quoique vagues et obscures en nous, elles nous suffisent pour notre dignité et notre bonheur. Elles ressemblent aux étoiles, qui ne donnent aux navigateurs qu'une clarté douteuse et tremblante, mais dont les lois, certaines cependant, lui apprennent à éviter les écueils, et le guident sûrement dans l'immensité des mers.

Sans contredire toute l'histoire, on ne peut nier les idées; ceux même qui les tournent en dérision les admettent, et ceux qui les calomnient leur obéissent. Nos recueils, nos codes, nos livres en sont des esquisses incomplètes, dont chaque homme reconnaît à l'instant ou la légalité ou le mensonge. A notre insu, et souvent contre notre gré, il n'est pas un coin du monde où leur culte n'ait obtenu quelque hommage, où leur modeste temple n'ait reçu quelques adorateurs. Seulement de temps à autre, et de loin en loin, il paraît quelques grands hommes qui raniment la race endormie dans ses passions. Les grands hommes, auteurs ou patriotes, sont des visiteurs qui nous viennent de l'univers de l'esprit : et quand le monde s'oublie ou s'endort, il nous arrive de ce séjour infini quelques éclairs qui réveillent et guident le genre humain.

Quant au bonheur complet, l'homme ne l'atteindra jamais ici. La loi de son existence terrestre n'est pas d'être heureux, mais de mériter de le devenir. Si jamais le bonheur régnait sur la terre, il faudrait que les puissances de l'âme pussent régner sans mélange, ce serait un tout autre ordre de choses. Il n'y aurait plus de passions, plus de combats, et par conséquent il n'y aurait plus d'hommes.

Les applications de la théorie sont nombreuses et importantes.

Elles donnent au sage le moyen de ne pas subordonner sa conduite à l'expérience et de prendre les ordres des événemens.

Elle l'engage à élever quelques monumens durables aux idées. Des écoles, des hôpitaux, des académies, des églises, sont des temples où habite la faculté du vrai, du juste, du beau, et du besoin religieux de l'âme. Elle l'engage à travailler sur cette base, la seule qu'il sait pouvoir durer, la seule qui survit aux changemens des choses temporelles. Le sage profite du passé, sert le présent, et vit aussi pour l'avenir. Ses puissances brisant le joug du temps et affranchies de la condition de l'espace, assignent devant elles, les événemens de la terre et jugent toute l'expérience. Il sait qu'elles dureront encore lorsque son rôle aura été bien ou mal rempli, lorsque toute communication entre ces facultés et le monde sera rompu, même lorsque son tombeau aura disparu de la terre et que les vents du ciel auront dispersé ses cendres.

Il sait que ses facultés ne sont point compromises par l'histoire. Il sait qu'elles survivent à toutes les révolutions, que les idées persistent toujours, bien supérieures au marbre et au bronze, qui ne gardent que pour un temps les inscriptions qu'on leur confie. Plus l'univers extérieur combat leur tendance, plus leur nature cherche à gouverner l'univers. Elles acquièrent d'autant plus d'énergie, qu'elles en ont plus besoin; c'est une arche, vainement assaillie par les flots, qui est agitée par leurs efforts, mais qui résiste et s'élève avec eux. Le philosophe a rempli son devoir, quand il a essayé de faire régner ses facultés sur l'univers, autant qu'il a pu. Il peut se retirer du monde, mécontent, mais non troublé. Il ne dépend pas de lui d'être satisfait des autres; il dépend toujours de lui d'être content de lui-même. C'est lui en définitif qui dispose de son bonheur intellectuel. Sous ce rapport, tous, notre sort est entre nos mains. Nous. sommes ce que nous voulons être.

Les devoirs de famille, d'amitié, de nation, sont les premiers, et restent long-tems les seuls, qui se pratiquent dans les périodes d'une civilisation qui commence, ou d'une société qui se forme. Le sage généralise ces idées. Il étend indéfiniment le cercle de ses devoirs. Le genre humain devient une famille, et il se conduit comme un frère envers tous. Personne ne lui est étranger. Les distinctions s'effacent, et il crée la *philanthropie*. Cette vertu est donc le résultat le plus étendu de l'exercice de la puissance du juste. Aussi, est-ce une *invention* de nos jours.

Le philosophe enfin s'attache fermement aux points de la théorie qu'il a établis; il doute de beaucoup d'autres choses; il sait son ignorance et il n'en est pas étonné. Il contemple à la fois la hauteur et l'infaillibilité de ses puissances, les déceptions et les égaremens de sa sensibilité, en un mot sa dignité et sa faiblesse, et il balance un instant avant de savoir s'il doit se maudire ou s'admirer.

Mais il ne quittera point toutefois la place qu'il occupe, et il n'aura point regret à son existence, par cette seule raison, qu'il sent qu'il peut acquérir du *mérite*. Tandis que la matière reste éternellement matière et toujours soumise à l'action de lois positives, dont elle ne peut ni se délivrer ni se plaindre, l'homme. être libre et moral, peut acquérir du mérite en exerçant ses facultés, et ajouter quelque chose à lui-même. Il est maître ou d'obéir à la matière et de s'abandonner à la sensibilité, ou de résister à la matière en faisant taire la sensibilité. Il dépend de lui de sortir du monde tout autre qu'il y est entré. Le soleil, ce corps majestueux et sublime, ne peut rien par lui-même ; la cause de sa lumière est hors de lui, et s'il gouverne les planètes, il est maîtrisé par une force qui lui est extérieure, et sans laquelle il n'est rien. L'océan qui gronde et dont le bruit est si beau, n'a été personnifié que par les poètes, toute cette vaine agitation est rigoureusement calculable par la géométrie, qui annonce d'avance le moment où les vagues rentreront dans leur repos. Mais moi, la plus faible des créatures, je suis plus grand dans mon être que le soleil ou que l'océan. Rien ne m'enchaîne ; je suis mon maître ; je puis penser, je puis choisir, je puis aimer ; aucune force extérieure à moi n'entrave ma liberté ; aucun calcul ne saurait prevoir l'usage que j'en pourrai faire, et mon âme a des secrets que je suis maître de ne jamais dévoiler à aucun mortel.

C'est donc cette force intérieure, cette activité innée de la pensée qui fait l'objet de la philosophie. Aussi la vie du philosophe doit toujours être un combat.

Il ne doit point se tenir perpétuellement dans les brillantes positions de la théorie, mais il doit entrer dans le monde pratique , si troublé et si triste à ses yeux ; il faut bien qu'il descende de ces hauteurs où règne un jour éternel , pour arriver à la région de l'expérience , car c'est là que s'élèvent les nuages et les tempêtes.

L'âme humaine est donc une , infinie , éternelle , active , et essentiellement libre. Je ne suis pas éloigné de croire que son sort après cette vie sera déterminé par le genre de sa vie intellectuelle , et que chacun de nous par sa conduite fixe lui-même sa place dans l'avenir. Cette idée tend à confier à l'homme le sort qui l'attend. C'est lui-même qui déterminera s'il avancera ou s'il reculera dans l'ordre des êtres.

En terminant ces méditations , mon fils , il nous est permis d'essayer de déterminer quel est le but de cette période de notre existence et quelle est notre vocation. Evidemment, nous ne savons à quel point de notre existence nous sommes placés. Comme ces météores qui paraissent un moment dans notre atmosphère , la traversent et continuent leur marche dans les cieux, l'âme humaine semble être tenue pendant un instant en présence de ce monde , et parait destinée à poursuivre une course peut-être éternelle. Les pleurs de la vertu , les retards de la liberté , la victoire des passions, tout cela nous révèle , par tant d'infractions aux lois les plus saintes, que cette vie est un court chapitre de l'existence, un fragment incomplet de notre durée.

La philosophie enseigne donc pour précepte dernier de voir toujours au-delà de cette vie et plus loin qu'elle ; de vivre dans l'avenir et pour les idées ; de se conduire enfin en *citoyen des cieux,* c'est-à-dire en présence de cette durée infinie d'existence et de perfectionnement, dont le monde d'aujourd'hui est un commencement ou un épisode. C'est ainsi, mon fils, que nous pourrons retremper notre âme dans ces grandes convictions ; et condamnés à vivre ici au milieu de tant de spectacles, sombres et désolans, réduits à voir seulement de loin en loin quelques rares éclairs d'une haute vertu, c'est ainsi que nous pourrons attendre avec foi et espérance ce jour éternel qui se levera sur les tombeaux de ce monde, lorsque les créatures soumises à ce lieu d'épreuve auront mérité et obtenu LE SOUVERAIN BIEN. »

———

Peu de jours après la fin de ces entretiens, Aréo Rienzi partit pour le long voyage qu'il avait projeté. Il visita tout le sud de l'Europe, la Grèce, et finit par traverser l'océan. Après de longues années d'une vie errante et aventureuse, où il répandit souvent les idées de son maître et seconda les réformes politiques au péril de ses jours, enfin des lois plus douces lui permirent de revoir ses foyers paternels. Il répugnait à laisser ses restes reposer dans une terre étrangère. Il résolut de revenir en Italie, et après une navigation assez courte il arriva au port de Catane en Sicile. Il débarqua sous un nom supposé, afin de ne rencontrer aucun obstacle dans son projet de gagner la côte de la Calabre, du côté d'Arezzo. Avant de se retirer dans sa patrie, Rienzi avait le sentiment que c'était un devoir pour lui de revoir Caritéas, ou au moins de saluer son tombeau et les lieux que son souvenir lui rendait si chers. Non sans quelques difficultés, il loua une barque, et arriva au pied du rivage, d'où la vue embrassait le vieux monastère, et les rochers du val, qui le surmontaient. De peur d'exciter leurs soupçons, Rienzi n'avait pas voulu questionner es rameurs albanais qui guidaient la chaloupe

au travers des brisans du rivage. Dès qu'il fut
descendu à terre et qu'il eut gravi le premier
rocher, quel spectacle s'offrit à ses yeux, et quel
fut son effroi ! Le val d'Arezzo avait complète-
ment changé d'aspect. Tout présentait l'image de
la désolation. Le sol s'était déchiré de toutes
parts. D'énormes rochers, dont les pointes aiguës
se dressaient vers le ciel, et où l'on remarquait
quelques sapins dont le tronc s'était relevé, occupaient maintenant une partie de l'espace où le
monastère avait été bâti. A leur pied, et au
devant du couvent dont il ne restait aucune trace,
au lieu du massif où il était placé, on voyait
maintenant un lac dont les eaux noirâtres étaient
troublées par une boue de cendres. Une seule
cabane restait sur la plage ; mais on n'en voyait
plus que les restes, et un lambeau d'étoffe rouge,
qui flottait sur les planches calcinées, avertissait
que c'était la maison d'un pestiféré, qu'on avait
détruite par le feu. Les rameurs qui accompa-
gnaient Rienzi lui dirent qu'un violent tremble-
ment de terre avait englouti le monastère en
quelques minutes, que les Algériens débarqués
essayèrent d'en piller les restes ; et Rienzi put
remarquer quelques pierres noircies par les flammes que les barbaresques avaient allumées. Ils
lui dirent encore que le bruit avait couru que le
vieux Caritéas s'était retiré dans la chapelle aux
premières secousses, et que plongé dans ses
méditations habituelles il avait été englouti au

milieu du fracas de cette horrible tempête. En effet tout paraissait triste et morne dans ce lieu, d'où toute créature vivante semblait avoir fui. Les marins avertirent Rienzi de ne pas approcher du lac, parce que des exhalaisons meurtrières s'en élevaient. Rienzi, l'âme oppressée, et respirant à peine, parcourait d'un œil hagard l'ensemble de ce tableau désolant, et des sanglots s'échappaient de sa poitrine. Il voulut voir de près toute cette scène lugubre; malgré ses guides, il s'avança vers le lac; il s'arrêta parmi ces rochers fracassés; il parcourut soigneusement tout ce lieu où le monastère del Ligurri avait été, et l'écho solitaire du val répéta plusieurs fois le nom de Caritéas.

« O mon père, s'écria Rienzi, je ne pourrai donc point recevoir de toi cette bénédiction dernière que je venais implorer. Aucune main amie n'a enseveli tes restes. Ombre vénérée, sage et malheureux vieillard, reçois les derniers adieux de ton fils. »

Et Aréo Rienzi s'éloigna de ces lieux, le cœur rempli des principes que Caritéas lui avait enseignés.